TRANZLATY

Sprache ist für alle da

Język jest dla każdego

Das Kommunistische Manifest

Manifest Komunistyczny

Karl Marx
&
Friedrich Engels

Deutsch / Polsku

Einleitung

Wprowadzenie

Ein Gespenst geht um in Europa – das Gespenst des Kommunismus

Widmo krąży nad Europą – widmo komunizmu

Alle Mächte des alten Europa sind eine heilige Allianz eingegangen, um dieses Gespenst auszutreiben

Wszystkie mocarstwa starej Europy zawarły święte przymierze, aby wypędzić to widmo

Papst und Zaren, Metternich und Guizot, französische Radikale und deutsche Polizeispione

Papież i car, Metternich i Guizot, francuscy radykałowie i niemieccy szpiedzy policyjni

Wo ist die Oppositionspartei, die von ihren Gegnern an der Macht nicht als kommunistisch verschrien wurde?

Gdzie jest partia opozycyjna, która nie została potępiona jako komunistyczna przez swoich przeciwników u władzy?

Wo ist die Opposition, die nicht den Brandvorwurf des Kommunismus gegen die fortgeschritteneren Oppositionsparteien zurückgeschleudert hat?

Gdzie jest opozycja, która nie odrzuciła piętnującego hańby komunizmu przeciwko bardziej zaawansowanym partiom opozycyjnym?

Und wo ist die Partei, die den Vorwurf nicht gegen ihre reaktionären Gegner erhoben hat?

A gdzież jest partia, która nie wysunęła oskarżenia przeciwko swoim reakcyjnym przeciwnikom?

Aus dieser Tatsache ergeben sich zweierlei

Z tego faktu wynikają dwie rzeczy

I. Der Kommunismus wird bereits von allen europäischen Mächten als eine Macht anerkannt

I. Komunizm jest już uznawany przez wszystkie mocarstwa europejskie za mocarstwo

II. Es ist höchste Zeit, dass die Kommunisten ihre Ansichten, Ziele und Tendenzen offen vor der ganzen Welt offenlegen

II. Najwyższy czas, aby komuniści otwarcie, w obliczu całego
świata, ogłosili swoje poglądy, cele i tendencje
**sie müssen diesem Kindermärchen vom Gespenst des
Kommunismus mit einem Manifest der Partei selbst
begegnen**
muszą spotkać się z tą dziecinną opowieścią o Widmie
Komunizmu z Manifestem samej partii
**Zu diesem Zweck haben sich Kommunisten verschiedener
Nationalitäten in London versammelt und folgendes
Manifest entworfen**
W tym celu komuniści różnych narodowości zebrali się w
Londynie i naszkicowali następujący Manifest
**Dieses Manifest wird in deutscher, englischer,
französischer, italienischer, flämischer und dänischer
Sprache veröffentlicht**
manifest ten ma zostać opublikowany w językach angielskim,
francuskim, niemieckim, włoskim, flamandzkim i duńskim
**Und jetzt soll es in allen Sprachen veröffentlicht werden, die
Tranzlaty anbietet**
A teraz ma się ukazać we wszystkich językach, jakie oferują
Tranzlaty

Bourgeois und Proletarier
Burżuazja i proletariusze

Die Geschichte aller bisherigen Gesellschaften ist die Geschichte der Klassenkämpfe

Historia wszystkich dotychczasowych społeczeństw jest historią walk klasowych

Freier und Sklave, Patrizier und Plebejer, Herr und Leibeigener, Zunftmeister und Geselle

Wolny i niewolnik, patrycjusz i plebejusz, pan i chłop pańszczyźniany, mistrz cechu i czeladnik

mit einem Wort, Unterdrücker und Unterdrückte

Jednym słowem ciemiężyciel i uciśniony

Diese sozialen Klassen standen in ständiger Opposition zueinander

Te klasy społeczne stały w nieustannej opozycji do siebie

Sie führten einen ununterbrochenen Kampf. Jetzt versteckt, jetzt offen

Prowadzili nieprzerwaną walkę. Teraz ukryte, teraz otwarte

Ein Kampf, der entweder in einer revolutionären Rekonstitution der Gesellschaft als Ganzes endete

walka, która albo zakończyła się rewolucyjną rekonstytucją całego społeczeństwa

oder ein Kampf, der im gemeinsamen Ruin der streitenden Klassen endete

lub walka, która zakończyła się wspólną ruiną walczących klas

Blicken wir zurück auf die früheren Epochen der Geschichte

Wróćmy do wcześniejszych epok historii

Wir finden fast überall eine komplizierte Einteilung der Gesellschaft in verschiedene Ordnungen

Prawie wszędzie spotykamy się ze skomplikowanym porządkiem społeczeństwa w rozmaite porządki

Es gab schon immer eine mannigfaltige Abstufung des sozialen Ranges

Zawsze istniała wieloraka gradacja rangi społecznej

Im alten Rom gibt es Patrizier, Ritter, Plebejer, Sklaven

W starożytnym Rzymie mamy patrycjuszy, rycerzy,
plebejuszy, niewolników
im Mittelalter: Feudalherren, Vasallen, Zunftmeister,
Gesellen, Lehrlinge, Leibeigene
w średniowieczu: panowie feudalni, wasale, mistrzowie
cechowi, czeladnicy, czeladnicy, chłopi pańszczyźniani
In fast allen diesen Klassen sind wiederum untergeordnete
Abstufungen
Prawie we wszystkich tych klasach, znowu, stopniowanie
podrzędne
Die moderne Bourgeoisie Gesellschaft ist aus den
Trümmern der feudalen Gesellschaft hervorgegangen
Współczesne społeczeństwo burżuazyjne wyrosło na gruzach
społeczeństwa feudalnego
Aber diese neue Gesellschaftsordnung hat die
Klassengegensätze nicht beseitigt
Ale ten nowy porządek społeczny nie usunął przeciwieństw
klasowych
Sie hat nur neue Klassen und neue
Unterdrückungsbedingungen geschaffen
Ustanowiła ona jedynie nowe klasy i nowe warunki ucisku
Sie hat neue Formen des Kampfes an die Stelle der alten
gesetzt
Ustanowiła nowe formy walki w miejsce starych
Die Epoche, in der wir uns befinden, weist jedoch eine
Besonderheit auf
Epoka, w której się znajdujemy, ma jednak jedną
charakterystyczną cechę
die Epoche der Bourgeoisie hat die Klassengegensätze
vereinfacht
epoka burżuazji uprościła przeciwieństwa klasowe
Die Gesellschaft als Ganzes spaltet sich mehr und mehr in
zwei große feindliche Lager
Społeczeństwo jako całość coraz bardziej dzieli się na dwa
wielkie, wrogie obozy

**zwei große soziale Klassen, die sich direkt gegenüberstehen:
Bourgeoisie und Proletariat**

dwie wielkie klasy społeczne naprzeciw siebie: burżuazja i
proletariat

**Aus den Leibeigenen des Mittelalters gingen die Bürger der
ersten Städte hervor**

Z chłopów pańszczyźnianych średniowiecza wywodzili się
prawdziwi mieszczanie pierwszych miast

**Aus diesen Bürgern entwickelten sich die ersten Elemente
der Bourgeoisie**

Z tych mieszczan rozwinęły się pierwsze elementy burżuazji

Die Entdeckung Amerikas und die Umrundung des Kaps

Odkrycie Ameryki i okrążenie Przylądka

**diese Ereignisse eröffneten der aufstrebenden Bourgeoisie
neues Terrain**

Wydarzenia te otworzyły nowe pole dla rosnącej burżuazji

**Die ostindischen und chinesischen Märkte, die
Kolonisierung Amerikas, der Handel mit den Kolonien**

Rynki wschodnioindyjskie i chińskie, kolonizacja Ameryki,
handel z koloniami

die Vermehrung der Tauschmittel und der Waren überhaupt

wzrost środków wymiany i towarów w ogóle

**Diese Ereignisse gaben dem Handel, der Schiffahrt und der
Industrie einen nie gekannten Impuls**

Wydarzenia te dały handlowi, żegludze i przemysłowi impuls
nigdy wcześniej nie znany

**Sie gab dem revolutionären Element in der wankenden
feudalen Gesellschaft eine rasche Entwicklung**

Dało to szybki rozwój rewolucyjnemu elementowi w
chwiejącym się społeczeństwie feudalnym

**Geschlossene Zünfte hatten das feudale System der
industriellen Produktion monopolisiert**

Zamknięte gildie zmonopolizowały feudalny system
produkcji przemysłowej

**Doch das reichte den wachsenden Bedürfnissen der neuen
Märkte nicht mehr aus**

To już jednak nie wystarczało na zaspokojenie rosnących
potrzeb nowych rynków
**Das Manufaktursystem trat an die Stelle des feudalen
Systems der Industrie**
System wytwórczy zajął miejsce feudalnego systemu
przemysłowego
**Die Zunftmeister wurden vom produzierenden Bürgertum
auf die Seite gedrängt**
Mistrzowie cechowi zostali zepchnięci na bok przez
produkcyjną klasę średnią
**Die Arbeitsteilung zwischen den verschiedenen
korporativen Innungen verschwand**
Podział pracy między różnymi gildiami korporacyjnymi
zniknął
Die Arbeitsteilung durchdrang jede einzelne Werkstatt
Podział pracy przenikał każdy warsztat
**In der Zwischenzeit wuchsen die Märkte immer weiter und
die Nachfrage stieg immer weiter**
Tymczasem rynki stale rosły, a popyt stale rósł
**Selbst Fabriken reichten nicht mehr aus, um den
Anforderungen gerecht zu werden**
Nawet fabryki nie były już w stanie sprostać wymaganiom
**Daraufhin revolutionierten Dampf und Maschinen die
industrielle Produktion**
W ten sposób para i maszyny zrewolucjonizowały produkcję
przemysłową
**An die Stelle der Manufaktur trat der Riese, die moderne
Industrie**
Miejsce produkcji zajął gigant, Nowoczesny Przemysł
**An die Stelle des industriellen Mittelstandes traten
industrielle Millionäre**
miejsce przemysłowej klasy średniej zajęli przemysłowi
milionerzy
**an die Stelle der Führer ganzer Industriearmeen trat die
moderne Bourgeoisie**

miejsce przywódców całych armii przemysłowych zajęła
współczesna burżuazja

**die Entdeckung Amerikas ebnete der modernen Industrie
den Weg zur Etablierung des Weltmarktes**

odkrycie Ameryki utorowało drogę nowoczesnemu
przemysłowi do ustanowienia rynku światowego

**Dieser Markt gab dem Handel, der Schifffahrt und der
Kommunikation auf dem Landweg eine ungeheure
Entwicklung**

Rynek ten przyczynił się do ogromnego rozwoju handlu,
żeglugi i komunikacji lądowej

**Diese Entwicklung hat seinerzeit auf die Ausdehnung der
Industrie reagiert**

Rozwój ten w swoim czasie był reakcją na rozwój przemysłu

**Sie reagierte in dem Maße, wie sich die Industrie
ausbreitete, und wie sich Handel, Schiffahrt und Eisenbahn
ausdehnten**

Reakcja była proporcjonalna do tego, jak rozwijał się
przemysł, jak rozwijał się handel, żegluga i koleje

**in demselben Maße, in dem sich die Bourgeoisie
entwickelte, vermehrte sie ihr Kapital**

W takim samym stopniu, w jakim rozwijała się burżuazja,
pomnażała swój kapitał

**und das Bourgeoisie drängte jede aus dem Mittelalter
überlieferte Klasse in den Hintergrund**

a burżuazja zepchnęła na dalszy plan każdą klasę przekazaną
od średniowiecza

**daher ist die moderne Bourgeoisie selbst das Produkt eines
langen Entwicklungsganges**

dlatego też współczesna burżuazja sama jest wytworem
długiego toku rozwoju

**Wir sehen, dass es sich um eine Reihe von Revolutionen in
der Produktions- und Tauschweise handelt**

Widzimy, że jest to seria rewolucji w sposobach produkcji i
wymiany

Jeder Schritt der Bourgeoisie Entwicklung ging mit einem entsprechenden politischen Fortschritt einher

Każdemu rozwojowemu krokowi burżuazji towarzyszył odpowiadający mu postęp polityczny

Eine unterdrückte Klasse unter der Herrschaft des feudalen Adels

Klasa uciskana pod władzą feudalnej szlachty

ein bewaffneter und selbstverwalteter Verein in der mittelalterlichen Kommune

Zbrojne i samorządne stowarzyszenie w średniowiecznej komunie

hier eine unabhängige Stadtrepublik (wie in Italien und Deutschland)

tutaj niepodległa republika miejska (jak we Włoszech i Niemczech)

dort ein steuerpflichtiger "dritter Stand" der Monarchie (wie in Frankreich)

tam podlegający opodatkowaniu "trzeci stan" monarchii (jak we Francji)

Danach, in der Zeit der eigentlichen Herstellung

Następnie, w okresie produkcji właściwej

die Bourgeoisie diente entweder der halbfeudalen oder der absoluten Monarchie

burżuazja służyła albo monarchii półfeudalnej, albo absolutnej

oder die Bourgeoisie fungierte als Gegengewicht zum Adel

albo burżuazja działała jako przeciwwaga dla szlachty

und in der Tat war die Bourgeoisie ein Eckpfeiler der großen Monarchien überhaupt

i w rzeczywistości burżuazja była kamieniem węgielnym wielkich monarchii w ogóle

aber die moderne Industrie und der Weltmarkt haben sich seitdem etabliert

ale od tego czasu ugruntował się nowoczesny przemysł i rynek światowy

und die Bourgeoisie hat sich die ausschließliche politische Herrschaft erobert

a burżuazja zdobyła dla siebie wyłączną władzę polityczną

sie erreichte diese politische Herrschaft durch den modernen repräsentativen Staat

osiągnął ten polityczny wpływ poprzez nowoczesne państwo przedstawicielskie

Die Exekutive des modernen Staates ist nichts anderes als ein Verwaltungskomitee

Władza wykonawcza współczesnego państwa jest tylko komitetem zarządzającym

und sie leiten die gemeinsamen Angelegenheiten der gesamten Bourgeoisie

i kierują wspólnymi sprawami całej burżuazji

Die Bourgeoisie hat historisch gesehen eine höchst revolutionäre Rolle gespielt

Burżuazja, historycznie rzecz biorąc, odegrała najbardziej rewolucyjną rolę

Wo immer sie die Oberhand gewann, machte sie allen feudalen, patriarchalischen und idyllischen Verhältnissen ein Ende

Wszędzie tam, gdzie zdobywała przewagę, kładła kres wszelkim feudalnym, patriarchalnym i idyllicznym stosunkom

Sie hat erbarmungslos die bunten feudalen Bande zerrissen, die den Menschen an seine "natürlichen Vorgesetzten" banden

Bezlitośnie rozdarła pstrokate feudalne więzy, które wiązały człowieka z jego "naturalnymi zwierzchnikami"

Und es ist kein Nexus zwischen Mensch und Mensch übrig geblieben, außer nacktem Eigeninteresse

Nie pozostał też żaden związek między człowiekiem a człowiekiem, poza czystym interesem własnym

Die Beziehungen der Menschen zueinander sind zu nichts anderem geworden als zu einer gefühllosen "Geldzahlung"

Wzajemne relacje między ludźmi stały się niczym więcej niż bezduszną "zapłatą gotówką"

Sie hat die himmlischsten Ekstasen religiöser Inbrunst
ertränkt
Zagłuszyła najbardziej niebiańskie ekstazy religijnego zapału
sie hat ritterlichen Enthusiasmus und philiströsen
Sentimentalismus übertönt
Utopiła rycerski entuzjazm i filisterski sentymentalizm
Sie hat diese Dinge im eisigen Wasser des egoistischen
Kalküls ertränkt
utopiła te rzeczy w lodowatej wodzie egoistycznych kalkulacji
Sie hat den persönlichen Wert in Tauschwert aufgelöst
Przekształciła osobistą wartość w wartość wymienną
Sie hat die zahllosen und unveräußerlichen verbrieften
Freiheiten ersetzt
Zastąpiła ona niezliczone i nienaruszalne wolności statutowe
und sie hat eine einzige, skrupellose Freiheit geschaffen;
Freihandel
i ustanowił jedną, niepojętą wolność; Wolny handel
Mit einem Wort, sie hat dies für die Ausbeutung getan
Jednym słowem, zrobił to dla wyzysku
Ausbeutung, verschleiert durch religiöse und politische
Illusionen
wyzysk zasłaniany iluzjami religijnymi i politycznymi
Ausbeutung verschleiert durch nackte, schamlose, direkte,
brutale Ausbeutung
wyzysk ukryty pod nagim, bezwstydnym, bezpośrednim,
brutalnym wyzyskiem
die Bourgeoisie hat den Heiligenschein von jedem zuvor
geehrten und verehrten Beruf abgestreift
burżuazja zdarła aureolę z każdego poprzednio zaszczytnego
i szanowanego zawodu
der Arzt, der Advokat, der Priester, der Dichter und der
Mann der Wissenschaft
Lekarz, prawnik, ksiądz, poeta i człowiek nauki
Sie hat diese ausgezeichneten Arbeiter in ihre bezahlten
Lohnarbeiter verwandelt

Przekształciła tych wybitnych robotników w swoich płatnych robotników najemnych

Die Bourgeoisie hat der Familie den sentimentalen Schleier weggerissen

Burżuazja zdarła z rodziny sentymentalną zasłonę

Und sie hat das Familienverhältnis auf ein bloßes Geldverhältnis reduziert

i zredukował stosunek rodzinny do zwykłej relacji pieniężnej

die brutale Zurschaustellung der Kraft im Mittelalter, die die Reaktionäre so sehr bewundern

brutalny pokaz wigoru w średniowieczu, który reakcjoniści tak bardzo podziwiają

Auch diese fand ihre passende Ergänzung in der trägesten Trägheit

Nawet to znalazło swoje odpowiednie dopełnienie w najbardziej leniwym lenistwie

Die Bourgeoisie hat enthüllt, wie es dazu gekommen ist

Burżuazja ujawniła, jak do tego wszystkiego doszło

Die Bourgeoisie war die erste, die gezeigt hat, was die Tätigkeit des Menschen bewirken kann

Burżuazja jako pierwsza pokazała, do czego może doprowadzić działalność człowieka

Sie hat Wunder vollbracht, die ägyptische Pyramiden, römische Aquädukte und gotische Kathedralen bei weitem übertreffen

Dokonał cudów znacznie przewyższających egipskie piramidy, rzymskie akwedukty i gotyckie katedry

und sie hat Expeditionen durchgeführt, die alle früheren Auszüge von Nationen und Kreuzzügen in den Schatten stellten

i przeprowadził ekspedycje, które położyły cień na wszystkich dawnych Exodusach narodów i krucjatach

Die Bourgeoisie kann nicht existieren, ohne die Produktionsmittel ständig zu revolutionieren

Burżuazja nie może istnieć bez ciągłego rewolucjonizowania narzędzi produkcji

und damit kann sie nicht ohne ihre Beziehungen zur Produktion existieren

a zatem nie może istnieć bez swoich związków z produkcją

und deshalb kann sie nicht ohne ihre Beziehungen zur Gesellschaft existieren

i dlatego nie może istnieć bez swoich relacji ze społeczeństwem

Alle früheren Industrieklassen hatten eine Bedingung gemeinsam

Wszystkie wcześniejsze klasy przemysłowe miały jeden wspólny warunek

Sie setzten auf die Bewahrung der alten Produktionsweisen

Opierały się one na zachowaniu starych sposobów produkcji

aber die Bourgeoisie brachte eine völlig neue Dynamik mit sich

ale burżuazja przyniosła ze sobą zupełnie nową dynamikę

Ständige Revolutionierung der Produktion und ununterbrochene Störung aller gesellschaftlichen Verhältnisse

Nieustanne rewolucjonizowanie produkcji i nieprzerwane zakłócanie wszystkich warunków społecznych

diese immerwährende Unsicherheit und Unruhe unterscheidet die Epoche der Bourgeoisie von allen früheren

ta wieczna niepewność i wzburzenie odróżnia epokę burżuazji od wszystkich wcześniejszych

Die bisherigen Beziehungen zur Produktion waren mit alten und ehrwürdigen Vorurteilen und Meinungen verbunden

Poprzednie związki z produkcją wiązały się ze starożytnymi i czcigodnymi uprzedzeniami i opiniami

Aber all diese festgefahrenen, eingefrorenen Beziehungen werden hinweggefegt

Ale wszystkie te stałe, szybko zamrożone relacje zostają zmiecione

Alle neu gebildeten Verhältnisse werden antiquiert, bevor sie erstarren können

Wszystkie nowo powstałe relacje stają się przestarzałe, zanim
zdążą skostnieć
Alles, was fest ist, zerschmilzt in Luft, und alles, was heilig
ist, wird entweiht
Wszystko, co stałe, rozpływa się w powietrzu, a wszystko, co
święte, zostaje zbezczeszczone
Der Mensch ist endlich gezwungen, mit nüchternen Sinnen
seinen wirklichen Lebensbedingungen ins Auge zu sehen
Człowiek jest w końcu zmuszony spojrzeć trzeźwo na swoje
rzeczywiste warunki życia
und er ist gezwungen, sich seinen Beziehungen zu
seinesgleichen zu stellen
i jest zmuszony stawić czoła swoim stosunkom ze swoim
pobratymcem
Die Bourgeoisie muss ständig ihre Märkte für ihre Produkte
erweitern
Burżuazja musi stale poszerzać swoje rynki zbytu dla swoich
produktów
und deshalb wird die Bourgeoisie über die ganze
Erdoberfläche gejagt
i z tego powodu burżuazja jest ścigana po całej powierzchni
globu
Die Bourgeoisie muss sich überall einnisten, sich überall
niederlassen, überall Verbindungen herstellen
Burżuazja musi zagnieździć się wszędzie, osiedlić się
wszędzie, wszędzie ustanowić kontakty
Die Bourgeoisie muss in jedem Winkel der Welt Märkte
schaffen, um sie auszubeuten
Burżuazja musi stworzyć rynki w każdym zakątku świata, aby
je wyzyskiwać
Die Produktion und der Konsum in jedem Land haben
einen kosmopolitischen Charakter erhalten
Produkcja i konsumpcja w każdym kraju nabrała
kosmopolitycznego charakteru
der Verdruss der Reaktionäre ist mit Händen zu greifen,
aber er hat sich trotzdem fortgesetzt

rozgoryczenie reakcjonistów jest namacalne, ale trwa ono
niezależnie od tego

**Die Bourgeoisie hat der Industrie den nationalen Boden, auf
dem sie stand, unter den Füßen weggezogen**

Burżuazja wyrwała spod nóg przemysłu narodowy grunt, na
którym stała

**Alle alteingesessenen nationalen Industrien sind zerstört
worden oder werden täglich zerstört**

Wszystkie dawne gałęzie przemysłu narodowego zostały
zniszczone lub są niszczone codziennie

**Alle alteingesessenen nationalen Industrien werden durch
neue Industrien verdrängt**

Wszystkie stare gałęzie przemysłu narodowego są wypierane
przez nowe gałęzie przemysłu

**Ihre Einführung wird zu einer Frage von Leben und Tod für
alle zivilisierten Völker**

Ich wprowadzenie staje się kwestią życia i śmierci dla
wszystkich cywilizowanych narodów

**Sie werden von Industrien verdrängt, die keine heimischen
Rohstoffe mehr verarbeiten**

Są one wypierane przez przemysł, który nie wydobywa już
rodzimych surowców

**Stattdessen beziehen diese Industrien Rohstoffe aus den
entlegensten Zonen**

Zamiast tego branże te pobierają surowce z najodleglejszych
stref

**Industrien, deren Produkte nicht nur zu Hause, sondern in
allen Teilen der Welt konsumiert werden**

branże, których produkty są konsumowane nie tylko w kraju,
ale w każdym zakątku globu

**An die Stelle der alten Bedürfnisse, die durch die
Erzeugnisse des Landes befriedigt werden, treten neue
Bedürfnisse**

W miejsce starych potrzeb, zaspokojonych przez produkcje
kraju, znajdujemy nowe potrzeby

Diese neuen Bedürfnisse bedürfen zu ihrer Befriedigung der Produkte aus fernen Ländern und Klimazonen

Te nowe potrzeby wymagają dla ich zaspokojenia wytworów odległych krajów i klimatów

An die Stelle der alten lokalen und nationalen Abgeschiedenheit und Selbstversorgung tritt der Handel

W miejsce dawnego lokalnego i narodowego odosobnienia i samowystarczalności mamy handel

internationaler Austausch in alle Richtungen; universelle Interdependenz der Nationen

wymiana międzynarodowa we wszystkich kierunkach; Powszechna współzależność narodów

Und so wie wir von Materialien abhängig sind, so sind wir von der intellektuellen Produktion abhängig

I tak jak jesteśmy zależni od materiałów, tak też jesteśmy zależni od produkcji intelektualnej

Die geistigen Schöpfungen der einzelnen Nationen werden zum Gemeingut

Wytwory intelektualne poszczególnych narodów stają się wspólną własnością

Nationale Einseitigkeit und Engstirnigkeit werden immer unmöglicher

Narodowa jednostronność i ciasnota umysłowa stają się coraz bardziej niemożliwe

Und aus den zahlreichen nationalen und lokalen Literaturen entsteht eine Weltliteratur

Z licznych literatur narodowych i lokalnych wyłania się literatura światowa

durch die rasche Verbesserung aller Produktionsmittel

przez szybkie doskonalenie wszystkich narzędzi produkcji

durch die immens erleichterten Kommunikationsmittel

dzięki niezwykle ułatwionym środkom komunikacji

Die Bourgeoisie zieht alle (auch die barbarischsten Nationen) in die Zivilisation hinein

Burżuazja wciąga wszystkich (nawet najbardziej barbarzyńskie narody) w cywilizację

Die billigen Preise seiner Waren; die schwere Artillerie, die
alle chinesischen Mauern niederreißt
Niskie ceny jej towarów; ciężka artyleria, która burzy
wszystkie chińskie mury
Der hartnäckige Fremdenhass der Barbaren wird zur
Kapitulation gezwungen
Zaciekła nienawiść barbarzyńców do cudzoziemców zostaje
zmuszona do kapitulacji
Sie zwingt alle Nationen, unter Androhung des
Aussterbens, die Bourgeoisie Produktionsweise
anzunehmen
Zmusza ona wszystkie narody, pod groźbą wyginięcia, do
przyjęcia burżuazyjnego sposobu produkcji
Sie zwingt sie, das, was sie Zivilisation nennt, in ihre Mitte
einzuführen
Zmusza ich do wprowadzenia w ich grono tego, co nazywa
cywilizacją
Die Bourgeoisie zwingt die Barbaren, selbst zur Bourgeoisie
zu werden
Burżuazja zmusza barbarzyńców, by sami stali się burżuazją
mit einem Wort, die Bourgeoisie schafft sich eine Welt nach
ihrem Bilde
jednym słowem, burżuazja tworzy świat na swój obraz
Die Bourgeoisie hat das Land der Herrschaft der Städte
unterworfen
Burżuazja poddała wieś panowaniu miast
Sie hat riesige Städte geschaffen und die Stadtbevölkerung
stark vergrößert
Stworzył ogromne miasta i znacznie zwiększył populację
miejską
Sie rettete einen beträchtlichen Teil der Bevölkerung vor der
Idiotie des Landlebens
Uratowała ona znaczną część ludności od idiotyzmu
wiejskiego życia
Aber sie hat die Menschen auf dem Lande von den Städten
abhängig gemacht

ale to sprawiło, że ludzie na wsi stali się zależni od miast
Und ebenso hat sie die barbarischen Länder von den zivilisierten abhängig gemacht
Podobnie uzależniła kraje barbarzyńskie od cywilizowanych
Bauernnationen gegen Völker der Bourgeoisie, Osten gegen Westen
narody chłopskie na narody burżuazji, Wschód na Zachodzie
Die Bourgeoisie beseitigt den zerstreuten Zustand der Bevölkerung mehr und mehr
Burżuazja coraz bardziej znosi rozproszenie ludności
Sie hat die Produktion agglomeriert und das Eigentum in wenigen Händen konzentriert
Skoncentrował produkcję i skoncentrował własność w kilku rękach
Die notwendige Konsequenz daraus war eine politische Zentralisierung
Nieuniknioną konsekwencją tego była centralizacja polityczna
Es gab unabhängige Nationen und lose miteinander verbundene Provinzen
Istniały niepodległe narody i luźno powiązane prowincje
Sie hatten getrennte Interessen, Gesetze, Regierungen und Steuersysteme
Mieli odrębne interesy, prawa, rządy i systemy podatkowe
Aber sie sind zu einer Nation zusammengeschmolzen, mit einer Regierung
Zostali jednak wrzuceni do jednego worka w jeden naród, z jednym rządem
Sie haben jetzt ein nationales Klasseninteresse, eine Grenze und einen Zolltarif
Mają teraz jeden narodowy interes klasowy, jedną granicę i jedną taryfę celną
Und dieses nationale Klasseninteresse ist unter einem Gesetzbuch vereinigt
I ten narodowy interes klasowy jest zjednoczony w jednym kodeksie prawnym

die Bourgeoisie hat während ihrer knapp hundertjährigen Herrschaft viel erreicht

Burżuazja osiągnęła wiele w ciągu zaledwie stuletnich rządów

massivere und kolossalere Produktivkräfte als alle vorhergehenden Generationen zusammen

masywniejsze i kolosalne siły wytwórcze niż wszystkie poprzednie pokolenia razem wzięte

Die Kräfte der Natur sind dem Willen des Menschen und seiner Maschinerie unterworfen

Siły przyrody są podporządkowane woli człowieka i jego maszyn

Die Chemie wird auf alle Industrieformen und Landwirtschaftsformen angewendet

Chemia znajduje zastosowanie we wszystkich formach przemysłu i rodzajach rolnictwa

Dampfschiffahrt, Eisenbahnen, elektrische Telegraphen und die Druckerpresse

żegluga parowa, koleje żelazne, telegrafy elektryczne i prasa drukarska

Rodung ganzer Kontinente für den Anbau, Kanalisierung von Flüssen

karczowanie całych kontynentów pod uprawę, kanalizacja rzek

ganze Populationen wurden aus dem Boden gezaubert und an die Arbeit gebracht

Całe populacje zostały wyczarowane z ziemi i zaprzęgnięte do pracy

Welches frühere Jahrhundert hatte auch nur eine Ahnung von dem, was entfesselt werden könnte?

Które wcześniejsze stulecie miało choćby przeczucie, co może zostać uwolnione?

Wer hat vorausgesagt, dass solche Produktivkräfte im Schoß der gesellschaftlichen Arbeit schlummern?

Kto przewidział, że takie siły wytwórcze drzemią na łonie pracy społecznej?

Wir sehen also, daß die Produktions- und Tauschmittel in der feudalen Gesellschaft erzeugt wurden

Widzimy więc, że środki produkcji i wymiany zostały wytworzone w społeczeństwie feudalnym

die Produktionsmittel, auf deren Grundlage sich die Bourgeoisie aufbaute

środki produkcji, na których fundamencie burżuazja się zbudowała

Auf einer bestimmten Stufe der Entwicklung dieser Produktions- und Tauschmittel

Na pewnym etapie rozwoju tych środków produkcji i wymiany

die Bedingungen, unter denen die feudale Gesellschaft produzierte und tauschte

Warunki, w jakich społeczeństwo feudalne produkowało i wymieniało

Die feudale Organisation der Landwirtschaft und des verarbeitenden Gewerbes

Feudalna organizacja rolnictwa i przemysłu wytwórczego

Die feudalen Eigentumsverhältnisse waren mit den materiellen Verhältnissen nicht mehr vereinbar

Feudalne stosunki własności nie były już do pogodzenia z warunkami materialnymi

Sie mussten gesprengt werden, also wurden sie auseinandergesprengt

Trzeba je było rozerwać na strzępy, więc zostały rozerwane na strzępy

An ihre Stelle trat die freie Konkurrenz der Produktivkräfte

Ich miejsce zajęła wolna konkurencja ze strony sił wytwórczych

Und sie wurden von einer ihr angepassten sozialen und politischen Verfassung begleitet

Towarzyszyła im dostosowana do tego konstytucja społeczna i polityczna

und sie wurde begleitet von der ökonomischen und politischen Herrschaft der Bourgeoisie Klasse

Towarzyszył temu ekonomiczny i polityczny wpływ klasy
burżuazyjnej
**Eine ähnliche Bewegung vollzieht sich vor unseren eigenen
Augen**
Podobny ruch zachodzi na naszych oczach
**Die moderne Bourgeoisie Gesellschaft mit ihren
Produktions-, Tausch- und Eigentumsverhältnissen**
Nowoczesne społeczeństwo burżuazyjne z jego stosunkami
produkcji, wymiany i własności
**eine Gesellschaft, die so gigantische Produktions- und
Tauschmittel heraufbeschworen hat**
Społeczeństwo, które wyczarowało tak gigantyczne środki
produkcji i wymiany
**Es ist wie der Zauberer, der die Mächte der Unterwelt
heraufbeschworen hat**
Jest jak czarownik, który przywołał moce z zaświatów
**Aber er ist nicht mehr in der Lage, zu kontrollieren, was er
in die Welt gebracht hat**
Ale nie jest już w stanie kontrolować tego, co przyniósł na
świat
**Viele Jahrzehnte lang war die vergangene Geschichte durch
einen roten Faden miteinander verbunden**
Przez wiele dekad miniona historia była związana wspólną
nicią
**Die Geschichte der Industrie und des Handels ist nichts
anderes als die Geschichte der Revolten**
Historia przemysłu i handlu była tylko historią buntów
**die Revolten der modernen Produktivkräfte gegen die
modernen Produktionsbedingungen**
Bunty nowoczesnych sił wytwórczych przeciwko
nowoczesnym warunkom produkcji
**die Revolten der modernen Produktivkräfte gegen die
Eigentumsverhältnisse**
Bunty współczesnych sił wytwórczych przeciwko stosunkom
własności

diese Eigentumsverhältnisse sind die Bedingungen für die Existenz der Bourgeoisie

te stosunki własności są warunkiem istnienia burżuazji

und die Existenz der Bourgeoisie bestimmt die Regeln der Eigentumsverhältnisse

a istnienie burżuazji określa reguły stosunków własności

Es genügt, die periodische Wiederkehr von Handelskrisen zu erwähnen

Wystarczy wspomnieć o okresowych powrotach kryzysów handlowych

jede Handelskrise ist für die Bourgeoisie Gesellschaft bedrohlicher als die letzte

każdy kryzys handlowy jest większym zagrożeniem dla społeczeństwa burżuazyjnego niż poprzedni

In diesen Krisen wird ein großer Teil der bestehenden Produkte vernichtet

W wyniku tych kryzysów znaczna część istniejących produktów ulega zniszczeniu

Diese Krisen zerstören aber auch die zuvor geschaffenen Produktivkräfte

Ale kryzysy te niszczą również wcześniej stworzone siły wytwórcze

In allen früheren Epochen wären diese Epidemien als Absurdität erschienen

We wszystkich wcześniejszych epokach epidemie te wydawałyby się absurdem

denn diese Epidemien sind die kommerziellen Krisen der Überproduktion

ponieważ te epidemie są komercyjnymi kryzysami nadprodukcji

Die Gesellschaft befindet sich plötzlich wieder in einem Zustand der momentanen Barbarei

Społeczeństwo nagle zostaje ponownie wprowadzone w stan chwilowego barbarzyństwa

als ob ein allgemeiner Verwüstungskrieg jede Möglichkeit des Lebensunterhalts abgeschnitten hätte

jak gdyby powszechna wojna wyniszczająca odcięła wszelkie
środki utrzymania
**Industrie und Handel scheinen zerstört worden zu sein; Und
warum?**
Wydaje się, że przemysł i handel zostały zniszczone;
Dlaczego?
Weil es zu viel Zivilisation und Subsistenzmittel gibt
Bo jest za dużo cywilizacji i środków do życia
Und weil es zu viel Industrie und zu viel Handel gibt
A także dlatego, że jest za dużo przemysłu i za dużo handlu
**Die Produktivkräfte, die der Gesellschaft zur Verfügung
stehen, entwickeln nicht mehr das Bourgeoisie Eigentum**
Siły wytwórcze, którymi dysponuje społeczeństwo, nie
rozwijają już własności burżuazyjnej
**im Gegenteil, sie sind zu mächtig geworden für diese
Verhältnisse, durch die sie gefesselt sind**
Wręcz przeciwnie, stali się zbyt potężni dla tych warunków,
którymi są skrępowani
**sobald sie diese Fesseln überwunden haben, bringen sie
Unordnung in die ganze Bourgeoisie Gesellschaft**
Skoro tylko przezwyciężą te kajdany, wprowadzą
nieporządek w całe społeczeństwo burżuazyjne
**und die Produktivkräfte gefährden die Existenz des
Bourgeoisie Eigentums**
a siły wytwórcze zagrażają istnieniu własności burżuazyjnej
**Die Bedingungen der Bourgeoisie Gesellschaft sind zu eng,
um den von ihnen geschaffenen Reichtum zu erfassen**
Warunki społeczeństwa burżuazyjnego są zbyt ciasne, aby
mogły objąć bogactwo przez nie wytworzone
Und wie überwindet die Bourgeoisie diese Krisen?
I jak burżuazja radzi sobie z tymi kryzysami?
**Einerseits überwindet sie diese Krisen durch die
erzwungene Vernichtung einer Masse von Produktivkräften**
Z jednej strony, przezwycięża te kryzysy poprzez wymuszone
zniszczenie masy sił wytwórczych

Andererseits überwindet sie diese Krisen durch die Eroberung neuer Märkte
Z drugiej strony przezwycięża te kryzysy, zdobywając nowe rynki
Und sie überwindet diese Krisen durch die gründlichere Ausbeutung der alten Produktivkräfte
Przezwycięża te kryzysy dzięki dokładniejszemu wykorzystaniu starych sił wytwórczych
Das heißt, indem sie den Weg für umfangreichere und zerstörerischere Krisen ebnen
To znaczy, torując drogę do bardziej rozległych i bardziej destrukcyjnych kryzysów
Sie überwindet die Krise, indem sie die Mittel zur Krisenprävention einschränkt
przezwycięża kryzys, ograniczając środki zapobiegania kryzysom
Die Waffen, mit denen die Bourgeoisie den Feudalismus zu Fall brachte, sind jetzt gegen sich selbst gerichtet
Broń, którą burżuazja obaliła feudalizm, obróciła się teraz przeciwko niej samej
Aber die Bourgeoisie hat nicht nur die Waffen geschmiedet, die sich selbst den Tod bringen
Ale burżuazja nie tylko wykuła broń, która sprowadza na nią śmierć
Sie hat auch die Männer ins Leben gerufen, die diese Waffen führen sollen
Powołał również do istnienia ludzi, którzy mają władać tą bronią
Und diese Männer sind die moderne Arbeiterklasse; Sie sind die Proletarier
A ci ludzie to współczesna klasa robotnicza; Oni są proletariuszami
In dem Maße, wie die Bourgeoisie entwickelt ist, entwickelt sich auch das Proletariat
W miarę jak rozwija się burżuazja, w takim samym stopniu rozwija się proletariat

Die moderne Arbeiterklasse entwickelte eine Klasse von Arbeitern

Współczesna klasa robotnicza wykształciła klasę robotników

Diese Klasse von Arbeitern lebt nur so lange, wie sie Arbeit findet

Ta klasa robotników żyje tylko tak długo, jak długo znajdzie pracę

Und sie finden nur so lange Arbeit, wie ihre Arbeit das Kapital vermehrt

i znajdują pracę tylko tak długo, jak długo ich praca pomnaża kapitał

Diese Arbeiter, die sich stückweise verkaufen müssen, sind eine Ware

Ci robotnicy, którzy muszą sprzedawać się po kawałku, są towarem

Diese Arbeiter sind wie jeder andere Handelsartikel

Ci robotnicy są jak każdy inny towar handlowy

und sie sind folglich allen Wechselfällen des Wettbewerbs ausgesetzt

i w konsekwencji są narażeni na wszelkie zmienne koleje konkurencji

Sie müssen alle Schwankungen des Marktes überstehen

Muszą przetrwać wszystkie wahania na rynku

Aufgrund des umfangreichen Maschineneinsatzes und der Arbeitsteilung

Ze względu na szerokie zastosowanie maszyn i podział pracy

Die Arbeit der Proletarier hat jeden individuellen Charakter verloren

Praca proletariuszy utraciła wszelki indywidualny charakter

Und folglich hat die Arbeit der Proletarier für den Arbeiter jeden Reiz verloren

A co za tym idzie, praca proletariuszy straciła wszelki urok dla robotnika

Er wird zu einem Anhängsel der Maschine und nicht mehr zu dem Mann, der er einmal war

Staje się dodatkiem do maszyny, a nie człowiekiem, którym był kiedyś

Nur das einfachste, eintönigste und am leichtesten zu erwerbende Geschick wird von ihm verlangt

Wymaga się od niego tylko najprostszego, monotonnego i najłatwiejszego do zdobycia talentu

Daher sind die Produktionskosten eines Arbeiters begrenzt

W związku z tym koszt produkcji robotnika jest ograniczony

sie beschränkt sich fast ausschließlich auf die Mittel zur Bestreitung des Lebensunterhalts, die er zu seinem Unterhalt benötigt

Ogranicza się ona prawie wyłącznie do środków utrzymania, które są mu potrzebne do utrzymania

und sie beschränkt sich auf die Subsistenzmittel, die er zur Fortpflanzung seiner Rasse benötigt

i ogranicza się do środków utrzymania, których potrzebuje do rozmnażania swojej rasy

Aber der Preis einer Ware, also auch der Arbeit, ist gleich ihren Produktionskosten

Otóż cena towaru, a więc i pracy, jest równa kosztom jego produkcji

In dem Maße also, wie die Widerwärtigkeit der Arbeit zunimmt, sinkt der Lohn

Proporcjonalnie więc do tego, jak wzrasta odrażająca praca, płaca robocza maleje

Ja, die Widerwärtigkeit seiner Arbeit nimmt sogar noch mehr zu

Co więcej, odrażająca natura jego dzieła wzrasta w jeszcze większym tempie

In dem Maße, wie der Einsatz von Maschinen und die Arbeitsteilung zunehmen, steigt auch die Last der Arbeit

Wraz ze wzrostem użycia maszyn i podziału pracy wzrasta ciężar pracy

Die Arbeitsbelastung wird durch die Verlängerung der Arbeitszeit erhöht

Ciężar trudu jest zwiększany przez wydłużenie czasu pracy

Dem Arbeiter wird in der gleichen Zeit mehr zugemutet als zuvor

Od robotnika oczekuje się więcej w tym samym czasie, co przedtem

Und natürlich wird die Last der Arbeit durch die Geschwindigkeit der Maschinerie erhöht

I oczywiście ciężar trudu jest zwiększony przez prędkość maszyn

Die moderne Industrie hat die kleine Werkstatt des patriarchalischen Meisters in die große Fabrik des industriellen Kapitalisten verwandelt

Nowoczesny przemysł przekształcił mały warsztat patriarchalnego mistrza w wielką fabrykę przemysłowego kapitalisty

Massen von Arbeitern, die in die Fabrik gedrängt sind, sind wie Soldaten organisiert

Masy robotników, stłoczone w fabryce, zorganizowane są jak żołnierze

Als Gefreite der Industriearmee stehen sie unter dem Kommando einer vollkommenen Hierarchie von Offizieren und Unteroffizieren

Jako szeregowcy armii przemysłowej znajdują się pod dowództwem doskonałej hierarchii oficerów i sierżantów

sie sind nicht nur die Sklaven der Bourgeoisie und des Staates

są oni nie tylko niewolnikami klasy burżuazyjnej i państwa

Aber sie werden auch täglich und stündlich von der Maschine versklavt

ale są też codziennie i co godzinę zniewoleni przez maszynę

sie sind Sklaven des Aufsehers und vor allem des einzelnen Bourgeoisie Fabrikanten selbst

są oni zniewoleni przez patrzącego, a przede wszystkim przez samego pojedynczego burżuazyjnego fabrykanta

Je offener dieser Despotismus den Gewinn als seinen Zweck und sein Ziel proklamiert, desto kleinlicher, verhaßter und verbitterender ist er

Im bardziej otwarcie despotyzm ten głosi, że zysk jest jego celem i celem, tym bardziej jest małostkowy, tym bardziej nienawistny i tym bardziej rozgoryczony

Je mehr sich die moderne Industrie entwickelt, desto geringer sind die Unterschiede zwischen den Geschlechtern

Im bardziej nowoczesny przemysł się rozwija, tym mniejsze są różnice między płciami

Je geringer die Geschicklichkeit und Kraftanstrengung der Handarbeit ist, desto mehr wird die Arbeit der Männer von der der Frauen verdrängt

Im mniej umiejętności i wysiłku siłowego implikuje praca fizyczna, tym bardziej praca mężczyzn jest wypierana przez pracę kobiet

Alters- und Geschlechtsunterschiede haben für die Arbeiterklasse keine besondere gesellschaftliche Gültigkeit mehr

Różnice wieku i płci nie mają już żadnego szczególnego znaczenia społecznego dla klasy robotniczej

Alle sind Arbeitsinstrumente, die je nach Alter und Geschlecht mehr oder weniger teuer zu gebrauchen sind

Wszyscy są narzędziami pracy, mniej lub bardziej kosztownymi w użyciu, w zależności od wieku i płci

sobald der Arbeiter seinen Lohn in bar erhält, wird er von den übrigen Teilen der Bourgeoisie angegriffen

Skoro tylko robotnik otrzyma swoją zapłatę w gotówce, to inne części burżuazji narzucają mu

der Vermieter, der Ladenbesitzer, der Pfandleiher usw

właściciel, sklepikarz, lombard itp

Die unteren Schichten der Mittelschicht; die kleinen Handwerker und Ladenbesitzer

Niższe warstwy klasy średniej; drobni handlowcy i sklepikarze

die pensionierten Gewerbetreibenden überhaupt, die Handwerker und Bauern

Kupcy na emeryturze, rzemieślnicy i chłopi

all dies sinkt allmählich in das Proletariat ein

wszystko to stopniowo zatapia się w proletariacie

theils deshalb, weil ihr winziges Kapital nicht ausreicht für den Maßstab, in dem die moderne Industrie betrieben wird

po części dlatego, że ich niewielki kapitał nie wystarcza na skalę, na jaką rozwija się nowoczesny przemysł

und weil sie in der Konkurrenz mit den Großkapitalisten überschwemmt wird

i dlatego, że jest zatopiona w konkurencji z wielkimi kapitalistami

zum Teil deshalb, weil ihr spezialisiertes Können durch die neuen Produktionsmethoden wertlos wird

Częściowo dlatego, że ich wyspecjalizowane umiejętności stają się bezwartościowe przez nowe metody produkcji

So rekrutiert sich das Proletariat aus allen Klassen der Bevölkerung

W ten sposób proletariat rekrutuje się ze wszystkich klas ludności

Das Proletariat durchläuft verschiedene Entwicklungsstufen

Proletariat przechodzi przez różne stadia rozwoju

Mit ihrer Geburt beginnt der Kampf mit der Bourgeoisie

Wraz z jego narodzinami zaczyna się jego walka z burżuazją

Zuerst wird der Kampf von einzelnen Arbeitern geführt

Początkowo konkurs jest prowadzony przez indywidualnych robotników

Dann wird der Kampf von den Arbeitern einer Fabrik ausgetragen

Wtedy konkurs jest kontynuowany przez robotników fabryki

Dann wird der Kampf von den Arbeitern eines Gewerbes an einem Ort ausgetragen

Wtedy zawody są prowadzone przez pracowników jednego handlu, w jednej miejscowości

und der Kampf richtet sich dann gegen die einzelne Bourgeoisie, die sie direkt ausbeutet

a walka toczy się wtedy przeciwko indywidualnej burżuazji, która bezpośrednio ją wyzyskuje

Sie richten ihre Angriffe nicht gegen die Bourgeoisie Produktionsbedingungen
Swoje ataki kierują nie przeciwko burżuazyjnym warunkom produkcji
aber sie richten ihren Angriff gegen die Produktionsmittel selbst
ale sam swój atak kierują przeciwko samym narzędziom produkcji
Sie vernichten importierte Waren, die mit ihrer Arbeitskraft konkurrieren
Niszczą importowane towary, które konkurują z ich siłą roboczą
Sie zertrümmern Maschinen und setzen Fabriken in Brand
Rozbijają na kawałki maszyny i podpalają fabryki
sie versuchen, den verschwundenen Status des Arbeiters des Mittelalters mit Gewalt wiederherzustellen
dążą do przywrócenia siłą utraconego statusu robotnika średniowiecza
In diesem Stadium bilden die Arbeiter noch eine unzusammenhängende Masse, die über das ganze Land verstreut ist
Na tym etapie robotnicy tworzą jeszcze niespójną masę, rozproszoną po całym kraju
und sie werden durch ihre gegenseitige Konkurrenz zerrissen
i rozbija ich wzajemna rywalizacja
Wenn sie sich irgendwo zu kompakteren Körpern vereinigen, so ist dies noch nicht die Folge ihrer eigenen aktiven Vereinigung
Jeśli gdziekolwiek łączą się, tworząc bardziej zwarte ciała, nie jest to jeszcze konsekwencją ich własnego aktywnego związku
aber es ist eine Folge der Vereinigung der Bourgeoisie, ihre eigenen politischen Ziele zu erreichen
ale jest to konsekwencja zjednoczenia burżuazji, aby osiągnąć swoje własne cele polityczne

die Bourgeoisie ist gezwungen, das ganze Proletariat in Bewegung zu setzen

burżuazja zmuszona jest wprawić w ruch cały proletariat

und überdies ist die Bourgeoisie eine Zeitlang dazu in der Lage

a co więcej, na razie burżuazja jest w stanie to uczynić

In diesem Stadium kämpfen die Proletarier also nicht gegen ihre Feinde

Na tym etapie więc proletariusze nie walczą ze swymi wrogami

Stattdessen kämpfen sie gegen die Feinde ihrer Feinde

ale zamiast tego walczą z wrogami swoich wrogów

Der Kampf gegen die Überreste der absoluten Monarchie und die Großgrundbesitzer

Walka z pozostałościami monarchii absolutnej i właścicielami ziemskimi

sie bekämpfen die nicht-industrielle Bourgeoisie; das Kleiliche Bourgeoisie

walczą z nieprzemysłową burżuazją; drobnomieszczaństwo

So ist die ganze historische Bewegung in den Händen der Bourgeoisie konzentriert

W ten sposób cały ruch historyczny skupia się w rękach burżuazji

jeder so errungene Sieg ist ein Sieg der Bourgeoisie

każde zwycięstwo w ten sposób odniesione jest zwycięstwem burżuazji

Aber mit der Entwicklung der Industrie wächst nicht nur die Zahl des Proletariats

Ale wraz z rozwojem przemysłu proletariat nie tylko wzrasta liczebnie

das Proletariat konzentriert sich in größeren Massen und seine Kraft wächst

proletariat skupia się w większych masach, a jego siła rośnie

und das Proletariat spürt diese Kraft mehr und mehr

a proletariat coraz bardziej odczuwa tę siłę

Die verschiedenen Interessen und Lebensbedingungen in den Reihen des Proletariats gleichen sich mehr und mehr an

Rozmaite interesy i warunki życia w szeregach proletariatu coraz bardziej się wyrównują

sie werden in dem Maße größer, wie die Maschinerie alle Unterschiede der Arbeit verwischt

Stają się one tym bardziej proporcjonalne, im bardziej maszyny zacierają wszelkie różnice w pracy

Und die Maschinen senken fast überall die Löhne auf das gleiche niedrige Niveau

i maszyny prawie wszędzie obniżają płace do tego samego niskiego poziomu

Die wachsende Konkurrenz der Bourgeoisie und die daraus resultierenden Handelskrisen lassen die Löhne der Arbeiter immer schwankender

Rosnąca konkurencja między burżuazją i wynikające z niej kryzysy handlowe sprawiają, że płace robotników stają się coraz bardziej zmienne

Die unaufhörliche Verbesserung der sich immer schneller entwickelnden Maschinen macht ihren Lebensunterhalt immer prekärer

Nieustanne doskonalenie maszyn, coraz szybciej się rozwijających, sprawia, że ich egzystencja staje się coraz bardziej niepewna

die Kollisionen zwischen einzelnen Arbeitern und einzelnen Bourgeoisien nehmen immer mehr den Charakter von Zusammenstößen zwischen zwei Klassen an

Zderzenia poszczególnych robotników z indywidualną burżuazją przybierają coraz bardziej charakter zderzeń między dwiema klasami

Darauf beginnen die Arbeiter, sich gegen die Bourgeoisie zu verbünden (Gewerkschaften)

Wtedy robotnicy zaczynają tworzyć związki zawodowe przeciwko burżuazji

Sie schließen sich zusammen, um die Löhne hoch zu halten

Zrzeszają się, aby utrzymać poziom płac

sie gründeten ständige Vereinigungen, um für diese gelegentlichen Revolten im voraus Vorsorge zu treffen
Zakładali stałe stowarzyszenia, aby zawczasu zabezpieczyć się na te sporadyczne bunty

Hier und da bricht der Wettkampf in Ausschreitungen aus
Tu i ówdzie spór przeradza się w zamieszki

Hin und wieder siegen die Arbeiter, aber nur für eine gewisse Zeit
Od czasu do czasu robotnicy odnoszą zwycięstwo, ale tylko na jakiś czas

Die wirkliche Frucht ihrer Kämpfe liegt nicht in den unmittelbaren Ergebnissen, sondern in der immer größer werdenden Vereinigung der Arbeiter
Prawdziwy owoc ich walk leży nie w bezpośrednim wyniku, ale w stale rozszerzającym się związku zawodowym robotników

Diese Vereinigung wird durch die verbesserten Kommunikationsmittel unterstützt, die von der modernen Industrie geschaffen werden
Związek ten jest wspierany przez ulepszone środki komunikacji, które są tworzone przez nowoczesny przemysł

Die moderne Kommunikation bringt die Arbeiter verschiedener Orte miteinander in Kontakt
Nowoczesna komunikacja sprawia, że pracownicy z różnych miejscowości stykają się ze sobą

Es war gerade dieser Kontakt, der nötig war, um die zahlreichen lokalen Kämpfe zu einem nationalen Kampf zwischen den Klassen zu zentralisieren
Właśnie ten kontakt był potrzebny, aby scentralizować liczne walki lokalne w jedną narodową walkę między klasami

Alle diese Kämpfe haben den gleichen Charakter, und jeder Klassenkampf ist ein politischer Kampf
Wszystkie te walki mają ten sam charakter, a każda walka klasowa jest walką polityczną

die Bürger des Mittelalters mit ihren elenden Landstraßen brauchten Jahrhunderte, um ihre Vereinigungen zu bilden

mieszczanie średniowiecza, ze swymi nędznymi drogami, potrzebowali wieków, aby zawrzeć swoje związki

Die modernen Proletarier erreichen dank der Eisenbahn ihre Gewerkschaften innerhalb weniger Jahre

Współcześni proletariusze, dzięki kolei, osiągają swoje związki w ciągu kilku lat

Diese Organisation der Proletarier zu einer Klasse formte sie folglich zu einer politischen Partei

Ta organizacja proletariuszy w klasę przekształciła ich w partię polityczną

Die politische Klasse wird immer wieder durch die Konkurrenz zwischen den Arbeitern selbst verärgert

Klasa polityczna jest ciągle na nowo wzburzana przez konkurencję między samymi robotnikami

Aber die politische Klasse erhebt sich weiter, stärker, fester, mächtiger

Ale klasa polityczna wciąż się odradza, silniejsza, mocniejsza, potężniejsza

Er zwingt zur gesetzgeberischen Anerkennung der besonderen Interessen der Arbeitnehmer

Zmusza ona ustawodawcze do uznania partykularnych interesów pracowników

sie tut dies, indem sie sich die Spaltungen innerhalb der Bourgeoisie selbst zunutze macht

czyni to, wykorzystując podziały wśród samej burżuazji

Damit wurde das Zehnstundengesetz in England in Kraft gesetzt

W ten sposób ustawa o 10 godzinach pracy w Anglii została wprowadzona w życie

in vielerlei Hinsicht ist der Zusammenstoß zwischen den Klassen der alten Gesellschaft ferner der Entwicklungsgang des Proletariats

Pod wieloma względami zderzenie klas starego społeczeństwa jest dalszym kierunkiem rozwoju proletariatu

Die Bourgeoisie befindet sich in einem ständigen Kampf

Burżuazja jest uwikłana w nieustanną walkę

Zuerst wird sie sich in einem ständigen Kampf mit der Aristokratie wiederfinden

Na początku będzie uwikłany w ciągłą walkę z arystokracją

später wird sie sich in einem ständigen Kampf mit diesen Teilen der Bourgeoisie selbst wiederfinden

później znajdzie się w nieustannej walce z tymi częściami samej burżuazji

und ihre Interessen werden dem Fortschritt der Industrie entgegengesetzt sein

a ich interesy staną się antagonistyczne wobec postępu przemysłu

zu allen Zeiten werden ihre Interessen mit der Bourgeoisie fremder Länder in Konflikt geraten sein

w każdym czasie ich interesy staną się antagonistyczne z burżuazją obcych krajów

In allen diesen Kämpfen sieht sie sich genötigt, an das Proletariat zu appellieren, und bittet es um Hilfe

We wszystkich tych bitwach czuje się zmuszona odwołać się do proletariatu i prosi go o pomoc

Und so wird sie sich gezwungen sehen, sie in die politische Arena zu zerren

A tym samym poczuje się zmuszony do wciągnięcia go na arenę polityczną

Die Bourgeoisie selbst versorgt also das Proletariat mit ihren eigenen Instrumenten der politischen und allgemeinen Erziehung

Sama więc burżuazja zaopatruje proletariat w własne narzędzia wychowania politycznego i ogólnego

mit anderen Worten, sie liefert dem Proletariat Waffen für den Kampf gegen die Bourgeoisie

innymi słowy, dostarcza proletariatowi broni do walki z burżuazją

Ferner werden, wie wir schon gesehen haben, ganze Schichten der herrschenden Klassen in das Proletariat hineingestürzt

Dalej, jak już widzieliśmy, całe odłamy klas panujących
zostają wciągnięte do proletariatu
**der Fortschritt der Industrie saugt sie in das Proletariat
hinein**
postęp przemysłu wciąga ich w proletariat
**oder zumindest sind sie in ihren Existenzbedingungen
bedroht**
A przynajmniej są zagrożone w swoich warunkach egzystencji
**Diese versorgen auch das Proletariat mit frischen Elementen
der Aufklärung und des Fortschritts**
Dostarczają one również proletariatowi nowych elementów
oświecenia i postępu
**Endlich, in Zeiten, in denen sich der Klassenkampf der
entscheidenden Stunde nähert**
Wreszcie, w czasach, gdy walka klasowa zbliża się do
decydującej godziny
Der Auflösungsprozess innerhalb der herrschenden Klasse
Proces rozpadu toczący się w klasie rządzącej
**In der Tat wird die Auflösung, die sich innerhalb der
herrschenden Klasse vollzieht, in der gesamten Bandbreite
der Gesellschaft zu spüren sein**
W rzeczywistości rozpad klasy rządzącej będzie odczuwalny
w całym społeczeństwie
**Sie wird einen so gewalttätigen, krassen Charakter
annehmen, dass ein kleiner Teil der herrschenden Klasse
sich selbst abtreibt**
Przybierze ona tak gwałtowny, rażący charakter, że niewielka
część klasy rządzącej odetnie się od dryfu
**Und diese herrschende Klasse wird sich der revolutionären
Klasse anschließen**
i że klasa rządząca przyłączy się do klasy rewolucyjnej
**Die revolutionäre Klasse ist die Klasse, die die Zukunft in
ihren Händen hält**
Klasa rewolucyjna jest klasą, która trzyma przyszłość w
swoich rękach

Wie in früheren Zeiten ging ein Teil des Adels zur Bourgeoisie über

Podobnie jak we wcześniejszym okresie, część szlachty przeszła na stronę burżuazji

ebenso wird ein Teil der Bourgeoisie zum Proletariat übergehen

w ten sam sposób część burżuazji przejdzie na stronę proletariatu

insbesondere wird ein Teil der Bourgeoisie zu einem Teil der Bourgeoisie Ideologen übergehen

w szczególności część burżuazji przejdzie na stronę części ideologów burżuazji

Bourgeoisie Ideologen, die sich auf die Ebene erhoben haben, die historische Bewegung als Ganzes theoretisch zu begreifen

Ideolodzy burżuazji, którzy wznieśli się do poziomu teoretycznego pojmowania ruchu historycznego jako całości

Von allen Klassen, die heute der Bourgeoisie gegenüberstehen, ist das Proletariat allein eine wirklich revolutionäre Klasse

Ze wszystkich klas, które dziś stoją twarzą w twarz z burżuazją, tylko proletariat jest klasą prawdziwie rewolucyjną

Die anderen Klassen zerfallen und verschwinden schließlich im Angesicht der modernen Industrie

Pozostałe klasy zanikają i ostatecznie znikają w obliczu nowoczesnego przemysłu

das Proletariat ist ihr besonderes und wesentliches Produkt

Proletariat jest jego szczególnym i istotnym produktem

Die untere Mittelschicht, der kleine Fabrikant, der Ladenbesitzer, der Handwerker, der Bauer

Niższa klasa średnia, drobny fabrykant, sklepikarz, rzemieślnik, chłop

all diese Kämpfe gegen die Bourgeoisie

wszystkie te walki z burżuazją

Sie kämpfen als Fraktionen der Mittelschicht, um sich vor dem Aussterben zu retten

Walczą jako frakcje klasy średniej, aby uratować się przed
wyginięciem

Sie sind also nicht revolutionär, sondern konservativ

Nie są więc rewolucyjni, lecz konserwatywni

**Ja, mehr noch, sie sind reaktionär, denn sie versuchen, das
Rad der Geschichte zurückzudrehen**

Co więcej, są reakcjonistami, ponieważ próbują cofnąć koło
historii

**Wenn sie zufällig revolutionär sind, so sind sie es nur im
Hinblick auf ihre bevorstehende Überführung in das
Proletariat**

Jeśli przypadkiem są rewolucyjni, to tylko ze względu na
zbliżające się przejście do proletariatu

**Sie verteidigen also nicht ihre gegenwärtigen, sondern ihre
zukünftigen Interessen**

W ten sposób bronią nie swoich obecnych, ale przyszłych
interesów

**sie verlassen ihren eigenen Standpunkt, um sich auf den des
Proletariats zu stellen**

porzucają swój własny punkt widzenia, aby postawić się na
stanowisku proletariatu

**Die »gefährliche Klasse«, der soziale Abschaum, diese
passiv verrottende Masse, die von den untersten Schichten
der alten Gesellschaft abgeworfen wird**

"Klasa niebezpieczna", szumowiny społeczne, ta biernie
gnijąca masa wyrzucona przez najniższe warstwy starego
społeczeństwa

**sie können hier und da von einer proletarischen Revolution
in die Bewegung hineingerissen werden**

Tu i ówdzie mogą zostać wciągnięci do ruchu przez rewolucję
proletariacką

**Seine Lebensbedingungen bereiten ihn jedoch viel mehr auf
die Rolle eines bestochenen Werkzeugs reaktionärer
Intrigen vor**

Warunki jego życia przygotowują go jednak o wiele bardziej
do roli przekupionego narzędzia reakcyjnej intrygi

In den Verhältnissen des Proletariats sind die Verhältnisse
der alten Gesellschaft im Allgemeinen bereits praktisch
überschwemmt
W warunkach proletariatu warunki starego społeczeństwa w
ogóle są już praktycznie zalane
Der Proletarier ist ohne Eigentum
Proletariusz jest bez własności
sein Verhältnis zu Frau und Kindern hat mit den
Familienverhältnissen der Bourgeoisie nichts mehr gemein
jego stosunek do żony i dzieci nie ma już nic wspólnego z
rodzinnymi stosunkami burżuazji
moderne industrielle Arbeit, moderne Unterwerfung unter
das Kapital, dasselbe in England wie in Frankreich, in
Amerika wie in Deutschland
nowoczesna praca przemysłowa, nowoczesne
podporządkowanie kapitałowi, takie samo w Anglii jak we
Francji, w Ameryce jak i w Niemczech
Seine Stellung in der Gesellschaft hat ihm jede Spur von
nationalem Charakter genommen
Jego pozycja społeczna odarła go z wszelkich śladów
charakteru narodowego
Gesetz, Moral, Religion sind für ihn so viele Bourgeoisie
Vorurteile
Prawo, moralność, religia są dla niego tyloma przesądami
burżuazji
und hinter diesen Vorurteilen lauern ebenso viele
Bourgeoisie Interessen
a za tymi przesądami się równie wiele interesów burżuazji
Alle vorhergehenden Klassen, die die Oberhand gewannen,
versuchten, ihren bereits erworbenen Status zu festigen
Wszystkie poprzednie klasy, które uzyskały przewagę, starały
się umocnić swój już zdobyty status
Sie taten dies, indem sie die Gesellschaft als Ganzes ihren
Aneignungsbedingungen unterwarfen
Zrobili to, podporządkowując całe społeczeństwo swoim
warunkom zawłaszczenia

Die Proletarier können nicht Herren der Produktivkräfte der Gesellschaft werden

Proletariusze nie mogą stać się panami sił wytwórczych społeczeństwa

Sie kann dies nur tun, indem sie ihre eigene bisherige Aneignungsweise abschafft

Może to uczynić jedynie poprzez zniesienie własnego dotychczasowego sposobu zawłaszczania

Und damit hebt sie auch jede andere bisherige Aneignungsweise auf

a tym samym znosi również każdy inny poprzedni sposób zawłaszczania

Sie haben nichts Eigenes zu sichern und zu festigen

Nie mają nic własnego, co mogliby zabezpieczyć i ufortyfikować

Ihre Aufgabe ist es, alle bisherigen Sicherheiten und Versicherungen für individuelles Eigentum zu vernichten

Ich misją jest zniszczenie wszystkich dotychczasowych zabezpieczeń i ubezpieczeń majątku indywidualnego

Alle bisherigen historischen Bewegungen waren Bewegungen von Minderheiten

Wszystkie poprzednie ruchy historyczne były ruchami mniejszości

oder es handelte sich um Bewegungen im Interesse von Minderheiten

albo były to ruchy w interesie mniejszości

Die proletarische Bewegung ist die selbstbewusste, selbständige Bewegung der ungeheuren Mehrheit

Ruch proletariacki jest samoświadomym, niezależnym ruchem ogromnej większości

Und es ist eine Bewegung im Interesse der großen Mehrheit

Jest to ruch w interesie ogromnej większości

Das Proletariat, die unterste Schicht unserer heutigen Gesellschaft

Proletariat, najniższa warstwa naszego obecnego społeczeństwa

Sie kann sich nicht regen oder erheben, ohne daß die ganze
übergeordnete Schicht der offiziellen Gesellschaft in die
Luft geschleudert wird
Nie może się poruszyć ani podnieść, dopóki nie wyskoczy w
powietrze wszystkie nadrzędne warstwy oficjalnego
społeczeństwa
Der Kampf des Proletariats mit der Bourgeoisie ist, wenn
auch nicht der Substanz nach, doch zunächst ein nationaler
Kampf
Walka proletariatu z burżuazją, choć nie w istocie, ale nie w
formie, jest z początku walką narodową
Das Proletariat eines jeden Landes muss natürlich vor allem
mit seiner eigenen Bourgeoisie abrechnen
Proletariat każdego kraju musi oczywiście przede wszystkim
załatwić sprawy ze swoją burżuazją
Indem wir die allgemeinsten Phasen der Entwicklung des
Proletariats schilderten, verfolgten wir den mehr oder
weniger verhüllten Bürgerkrieg
Przedstawiając najogólniejsze fazy rozwoju proletariatu,
prześledziliśmy mniej lub bardziej zawoalowaną wojnę
domową
Diese Zivilgesellschaft wütet in der bestehenden
Gesellschaft
To obywatelskie szaleje w istniejącym społeczeństwie
Er wird bis zu dem Punkt wüten, an dem dieser Krieg in
eine offene Revolution ausbricht
Będzie szaleć aż do momentu, w którym ta wojna przerodzi
się w otwartą rewolucję
und dann legt der gewaltsame Sturz der Bourgeoisie die
Grundlage für die Herrschaft des Proletariats
a następnie gwałtowne obalenie burżuazji kładzie podwaliny
pod panowanie proletariatu
Bisher beruhte jede Gesellschaftsform, wie wir bereits
gesehen haben, auf dem Antagonismus unterdrückender
und unterdrückter Klassen

Dotychczas, jak już widzieliśmy, każda forma społeczeństwa opierała się na antagonizmie klas uciskających i uciskanych

Um aber eine Klasse zu unterdrücken, müssen ihr gewisse Bedingungen zugesichert werden

Lecz aby uciskać jakąś klasę, trzeba jej zapewnić pewne warunki

Die Klasse muss unter Bedingungen gehalten werden, unter denen sie wenigstens ihre sklavische Existenz fortsetzen kann

Klasa ta musi być utrzymywana w warunkach, w których może przynajmniej kontynuować swoją niewolniczą egzystencję

Der Leibeigene erhob sich in der Zeit der Leibeigenschaft zum Mitglied der Kommune

Chłop pańszczyźniany w okresie pańszczyzny awansował na członka gminy

so wie es dem Kleinbourgeoisie unter dem Joch des feudalen Absolutismus gelang, sich zur Bourgeoisie zu entwickeln

tak jak drobnomieszczaństwo, pod jarzmem feudalnego absolutyzmu, zdołało rozwinąć się w burżuazję

Der moderne Arbeiter dagegen sinkt, anstatt sich mit dem Fortschritt der Industrie zu erheben, immer tiefer

Współczesny robotnik, przeciwnie, zamiast wzrastać wraz z postępem przemysłu, pogrąża się coraz głębiej i głębiej

Er sinkt unter die Existenzbedingungen seiner eigenen Klasse

stacza się poniżej warunków egzystencji własnej klasy

Er wird ein Bettler, und der Pauperismus entwickelt sich schneller als Bevölkerung und Reichtum

Staje się nędzarzem, a pauperyzm rozwija się szybciej niż populacja i bogactwo

Und hier zeigt sich, dass die Bourgeoisie nicht mehr geeignet ist, die herrschende Klasse in der Gesellschaft zu sein

I tu staje się oczywiste, że burżuazja nie nadaje się już dłużej
do bycia klasą panującą w społeczeństwie
und sie ist ungeeignet, der Gesellschaft ihre
Existenzbedingungen als übergeordnetes Gesetz
aufzuzwingen
i nie nadaje się do narzucania społeczeństwu swoich
warunków egzystencji jako nadrzędnego prawa
Sie ist unfähig zu herrschen, weil sie unfähig ist, ihrem
Sklaven in seiner Sklaverei eine Existenz zu sichern
Nie nadaje się do rządzenia, ponieważ nie jest w stanie
zapewnić egzystencji swemu niewolnikowi w jego niewoli
denn sie kann nicht anders, als ihn in einen solchen Zustand
sinken zu lassen, daß sie ihn ernähren muss, statt von ihm
gefüttert zu werden
ponieważ nie może nic poradzić na to, by pogrążył się w
takim stanie, że musi go karmić, zamiast być przez niego
karmionym
Die Gesellschaft kann nicht länger unter dieser Bourgeoisie
leben
Społeczeństwo nie może dłużej żyć pod rządami tej burżuazji
Mit anderen Worten, ihre Existenz ist nicht mehr mit der
Gesellschaft vereinbar
Innymi słowy, jego istnienie nie jest już zgodne ze
społeczeństwem
Die wesentliche Bedingung für die Existenz und die
Herrschaft der Bourgeoisie Klasse ist die Bildung und
Vermehrung des Kapitals
Zasadniczym warunkiem istnienia i panowania klasy
burżuazyjnej jest tworzenie i pomnażanie kapitału
Die Bedingung für das Kapital ist Lohnarbeit
Warunkiem kapitału jest praca najemna
Die Lohnarbeit beruht ausschließlich auf der Konkurrenz
zwischen den Arbeitern
Praca najemna opiera się wyłącznie na konkurencji między
robotnikami

Der Fortschritt der Industrie, deren unfreiwilliger Förderer die Bourgeoisie ist, tritt an die Stelle der Isolierung der Arbeiter

Postęp przemysłu, którego mimowolnym promotorem jest burżuazja, zastępuje izolację robotników

durch die Konkurrenz, durch ihre revolutionäre Kombination, durch die Assoziation

ze względu na konkurencję, ze względu na ich rewolucyjne połączenie, ze względu na skojarzenia

Die Entwicklung der modernen Industrie schneidet ihr die Grundlage unter den Füßen weg, auf der die Bourgeoisie Produkte produziert und sich aneignet

Rozwój nowoczesnego przemysłu podcina mu spod nóg fundament, na którym burżuazja wytwarza i przywłaszcza sobie produkty

Was die Bourgeoisie vor allem produziert, sind ihre eigenen Totengräber

Burżuazja produkuje przede wszystkim własnych grabarzy

Der Sturz der Bourgeoisie und der Sieg des Proletariats sind gleichermaßen unvermeidlich

Upadek burżuazji i zwycięstwo proletariatu są równie nieuniknione

Proletarier und Kommunisten

Proletariusze i komuniści

In welchem Verhältnis stehen die Kommunisten zu den Proletariern insgesamt?

W jakim stosunku stoją komuniści do proletariuszy jako całości?

Die Kommunisten bilden keine eigene Partei, die anderen Arbeiterparteien entgegengesetzt ist

Komuniści nie tworzą odrębnej partii w opozycji do innych partii robotniczych

Sie haben keine Interessen, die von denen des Proletariats als Ganzes getrennt und getrennt sind

Nie mają oni żadnych interesów odrębnych i odrębnych od interesów proletariatu jako całości

Sie stellen keine eigenen sektiererischen Prinzipien auf, nach denen sie die proletarische Bewegung formen und formen könnten

Nie ustanawiają oni żadnych własnych sekciarskich zasad, według których mogliby kształtować i formować ruch proletariacki

Die Kommunisten unterscheiden sich von den anderen Arbeiterparteien nur durch zwei Dinge

Komuniści różnią się od innych partii robotniczych tylko dwiema rzeczami

Erstens: Sie weisen auf die gemeinsamen Interessen des gesamten Proletariats hin und bringen sie in den Vordergrund, unabhängig von jeder Nationalität

Po pierwsze, wskazują i wysuwają na pierwszy plan wspólne interesy całego proletariatu, niezależnie od wszystkich narodowości

Das tun sie in den nationalen Kämpfen der Proletarier der verschiedenen Länder

Czynią to w walkach narodowych proletariuszy różnych krajów

Zweitens vertreten sie immer und überall die Interessen der gesamten Bewegung

Po drugie, zawsze i wszędzie reprezentują interesy ruchu jako całości

das tun sie in den verschiedenen Entwicklungsstadien, die der Kampf der Arbeiterklasse gegen die Bourgeoisie zu durchlaufen hat

Czynią to w różnych stadiach rozwoju, przez które musi przejść walka klasy robotniczej z burżuazją

Die Kommunisten sind also auf der einen Seite praktisch der fortschrittlichste und entschiedenste Teil der Arbeiterparteien eines jeden Landes

Komuniści są więc z jednej strony, praktycznie najbardziej postępową i zdecydowaną sekcją partii robotniczych każdego kraju

Sie sind der Teil der Arbeiterklasse, der alle anderen vorantreibt

Są tą częścią klasy robotniczej, która popycha do przodu wszystkie inne

Theoretisch haben sie auch den Vorteil, dass sie die Marschlinie klar verstehen

Teoretycznie mają też tę zaletę, że dobrze rozumieją linię marszu

Das verstehen sie besser im Vergleich zu der großen Masse des Proletariats

Rozumieją to lepiej w porównaniu z wielkimi masami proletariatu

Sie verstehen die Bedingungen und die letzten allgemeinen Ergebnisse der proletarischen Bewegung

Rozumieją oni warunki i ostateczne ogólne rezultaty ruchu proletariackiego

Das unmittelbare Ziel des Kommunisten ist dasselbe wie das aller anderen proletarischen Parteien

Bezpośredni cel komunistów jest taki sam, jak wszystkich innych partii proletariackich

Ihr Ziel ist die Formierung des Proletariats zu einer Klasse

Ich celem jest uformowanie proletariatu w klasę

sie zielen darauf ab, die Vorherrschaft der Bourgeoisie zu
stürzen
dążą do obalenia supremacji burżuazji
das Streben nach politischer Machteroberung durch das
Proletariat
dążenie do zdobycia władzy politycznej przez proletariat
Die theoretischen Schlußfolgerungen der Kommunisten
beruhen in keiner Weise auf Ideen oder Prinzipien der
Reformer
Teoretyczne wnioski komunistów nie są w żaden sposób
oparte na ideach czy zasadach reformatorów
es waren keine Möchtegern-Universalreformer, die die
theoretischen Schlussfolgerungen der Kommunisten
erfunden oder entdeckt haben
to nie niedoszli uniwersalni reformatorzy wymyślili lub
odkryli teoretyczne wnioski komunistów
Sie drücken lediglich in allgemeinen Begriffen tatsächliche
Verhältnisse aus, die aus einem bestehenden Klassenkampf
hervorgehen
Wyrażają one jedynie, w ogólnych kategoriach, rzeczywiste
stosunki wynikające z istniejącej walki klasowej
Und sie beschreiben die historische Bewegung, die sich
unter unseren Augen abspielt und die diesen Klassenkampf
hervorgebracht hat
Opisują one historyczny ruch, który rozgrywa się na naszych
oczach, a który stworzył tę walkę klasową
Die Abschaffung bestehender Eigentumsverhältnisse ist
keineswegs ein charakteristisches Merkmal des
Kommunismus
Zniesienie istniejących stosunków własności nie jest wcale
charakterystyczną cechą komunizmu
Alle Eigentumsverhältnisse in der Vergangenheit waren
einem ständigen historischen Wandel unterworfen
Wszystkie stosunki własnościowe w przeszłości podlegały
nieustannym zmianom historycznym

Und diese Veränderungen waren eine Folge der Veränderung der historischen Bedingungen

Zmiany te wynikały ze zmiany warunków historycznych

Die Französische Revolution zum Beispiel schaffte das Feudaleigentum zugunsten des Bourgeoisie Eigentums ab

Na przykład Rewolucja Francuska zniosła własność feudalną na rzecz własności burżuazyjnej

Das Unterscheidungsmerkmal des Kommunismus ist nicht die Abschaffung des Eigentums im Allgemeinen

Cechą wyróżniającą komunizm nie jest zniesienie własności, ogólnie rzecz biorąc

aber das Unterscheidungsmerkmal des Kommunismus ist die Abschaffung des Bourgeoisie Eigentums

ale cechą wyróżniającą komunizm jest zniesienie własności burżuazyjnej

Aber das Privateigentum der modernen Bourgeoisie ist der letzte und vollständigste Ausdruck des Systems der Produktion und Aneignung von Produkten

Ale współczesna burżuazja własności prywatnej jest ostatecznym i najpełniejszym wyrazem systemu produkcji i przywłaszczania sobie produktów

Es ist der Endzustand eines Systems, das auf Klassengegensätzen beruht, wobei der Klassenantagonismus die Ausbeutung der Vielen durch die Wenigen ist

Jest to ostateczny stan systemu opartego na antagonizmach klasowych, gdzie antagonizm klasowy jest wyzyskiem wielu przez nielicznych

In diesem Sinne läßt sich die Theorie der Kommunisten in einem einzigen Satz zusammenfassen; die Abschaffung des Privateigentums

W tym sensie teorię komunistów można streścić w jednym zdaniu; zniesienie własności prywatnej

Uns Kommunisten hat man vorgeworfen, das Recht auf persönlichen Eigentumserwerb abschaffen zu wollen

Nam, komunistom, zarzucano pragnienie zniesienia prawa do osobistego nabywania własności

Es wird behauptet, dass diese Eigenschaft die Frucht der eigenen Arbeit eines Menschen ist

Twierdzi się, że ta właściwość jest owocem własnej pracy człowieka

Und diese Eigenschaft soll die Grundlage aller persönlichen Freiheit, Aktivität und Unabhängigkeit sein.

A ta własność jest rzekomo podstawą wszelkiej osobistej wolności, aktywności i niezależności.

"Hart erkämpftes, selbst erworbenes, selbst verdientes Eigentum!"

"Ciężko zdobyta, zdobyta przez siebie, własnoręcznie zarobiona własność!"

Meinst du das Eigentum des kleinen Handwerkers und des Kleinbauern?

Czy masz na myśli własność drobnego rzemieślnika i drobnego chłopa?

Meinen Sie eine Form des Eigentums, die der Bourgeoisie Form vorausging?

Czy masz na myśli formę własności, która poprzedzała formę burżuazji?

Es ist nicht nötig, sie abzuschaffen, die Entwicklung der Industrie hat sie zum großen Teil bereits zerstört

Nie ma potrzeby tego znosić, rozwój przemysłu już go w dużej mierze zniszczył

Und die Entwicklung der Industrie zerstört sie immer noch täglich

a rozwój przemysłu wciąż go niszczy z dnia na dzień

Oder meinen Sie das moderne Bourgeoisie Privateigentum?

A może masz na myśli współczesną burżuazyjną własność prywatną?

Aber schafft die Lohnarbeit irgendein Eigentum für den Arbeiter?

Ale czy praca najemna tworzy jakąś własność dla robotnika?

Nein, die Lohnarbeit schafft nicht ein bisschen von dieser Art von Eigentum!

Nie, praca najemna nie tworzy ani odrobiny tego rodzaju własności!

Was Lohnarbeit schafft, ist Kapital; jene Art von Eigentum, das Lohnarbeit ausbeutet

To, co tworzy praca najemna, to kapitał; ten rodzaj własności, który wyzyskuje pracę najemną

Das Kapital kann sich nur unter der Bedingung vermehren, daß es ein neues Angebot an Lohnarbeit für neue Ausbeutung erzeugt

Kapitał nie może się pomnażać, chyba że pod warunkiem zrodzenia nowej podaży pracy najemnej dla nowego wyzysku

Das Eigentum in seiner jetzigen Form beruht auf dem Antagonismus von Kapital und Lohnarbeit

Własność w swej obecnej formie opiera się na antagonizmie kapitału i pracy najemnej

Betrachten wir beide Seiten dieses Antagonismus

Przyjrzyjmy się obu stronom tego antagonizmu

Kapitalist zu sein bedeutet nicht nur, einen rein persönlichen Status zu haben

Być kapitalistą to nie tylko mieć czysto osobisty status

Stattdessen bedeutet Kapitalist zu sein auch, einen sozialen Status in der Produktion zu haben

Zamiast tego, być kapitalistą to także mieć status społeczny w produkcji

weil Kapital ein kollektives Produkt ist; Nur durch das gemeinsame Handeln vieler Mitglieder kann sie in Gang gesetzt werden

ponieważ kapitał jest produktem kolektywnym; Tylko dzięki zjednoczonemu działaniu wielu członków może ona zostać wprawiona w ruch

Aber dieses gemeinsame Handeln ist der letzte Ausweg und erfordert eigentlich alle Mitglieder der Gesellschaft

Ale to zjednoczone działanie jest ostatecznością i w rzeczywistości wymaga wszystkich członków społeczeństwa

Das Kapital verwandelt sich in das Eigentum aller Mitglieder der Gesellschaft

Kapitał zamienia się we własność wszystkich członków społeczeństwa

aber das Kapital ist also keine persönliche Macht; Es ist eine gesellschaftliche Macht

ale kapitał nie jest więc władzą osobistą; Jest to siła społeczna

Wenn also Kapital in gesellschaftliches Eigentum umgewandelt wird, so verwandelt sich dadurch nicht persönliches Eigentum in gesellschaftliches Eigentum

Tak więc, gdy kapitał zamienia się we własność społeczną, własność osobista nie przekształca się w własność społeczną

Nur der gesellschaftliche Charakter des Eigentums wird verändert und verliert seinen Klassencharakter

Zmienia się tylko społeczny charakter własności i traci ona swój klasowy charakter

Betrachten wir nun die Lohnarbeit

Spójrzmy teraz na pracę najemną

Der Durchschnittspreis der Lohnarbeit ist der Mindestlohn, d.h. das Quantum der Lebensmittel

Przeciętną ceną pracy najemnej jest płaca minimalna, tj. kwantura środków utrzymania

Dieser Lohn ist für die bloße Existenz als Arbeiter absolut notwendig

Ta płaca jest absolutnie niezbędna w gołej egzystencji robotnika

Was sich also der Lohnarbeiter durch seine Arbeit aneignet, genügt nur, um ein bloßes Dasein zu verlängern und zu reproduzieren

To, co więc robotnik najemny przywłaszcza sobie za pomocą swojej pracy, wystarcza jedynie do przedłużenia i odtworzenia gołej egzystencji

Wir beabsichtigen keineswegs, diese persönliche Aneignung der Arbeitsprodukte abzuschaffen

Nie zamierzamy bynajmniej znieść tego osobistego przywłaszczania sobie produktów pracy

eine Aneignung, die für die Erhaltung und Reproduktion des menschlichen Lebens bestimmt ist

przywłaszczenie przeznaczone na utrzymanie i reprodukcję życia ludzkiego

Eine solche persönliche Aneignung der Arbeitsprodukte lässt keinen Überschuss übrig, mit dem man die Arbeit anderer befehlen könnte

Takie osobiste przywłaszczanie sobie produktów pracy nie pozostawia żadnej nadwyżki, którą można by rozporządzać pracą innych

Alles, was wir beseitigen wollen, ist der erbärmliche Charakter dieser Aneignung

Jedyne, czego chcemy się pozbyć, to nędzny charakter tego zawłaszczenia

die Aneignung, unter der der Arbeiter lebt, bloß um das Kapital zu vermehren

przywłaszczenie, pod którym żyje robotnik tylko po to, by pomnażać kapitał

Er darf nur leben, soweit es das Interesse der herrschenden Klasse erfordert

Wolno mu żyć tylko w takim zakresie, w jakim wymaga tego interes klasy rządzącej

In der Bourgeoisie Gesellschaft ist die lebendige Arbeit nur ein Mittel, um die akkumulierte Arbeit zu vermehren

W społeczeństwie burżuazyjnym żywa praca jest tylko środkiem do zwiększenia nagromadzonej pracy

In der kommunistischen Gesellschaft ist die akkumulierte Arbeit nur ein Mittel, um die Existenz des Arbeiters zu erweitern, zu bereichern und zu fördern

W społeczeństwie komunistycznym nagromadzona praca jest tylko środkiem do poszerzania, wzbogacania się, popierania egzystencji robotnika

In der Bourgeoisie Gesellschaft dominiert daher die Vergangenheit die Gegenwart

W społeczeństwie burżuazyjnym przeszłość panuje więc nad teraźniejszością

In der kommunistischen Gesellschaft dominiert die Gegenwart die Vergangenheit

w społeczeństwie komunistycznym teraźniejszość dominuje nad przeszłością

In der Bourgeoisie Gesellschaft ist das Kapital unabhängig und hat Individualität

W społeczeństwie burżuazyjnym kapitał jest niezależny i posiada indywidualność

In der Bourgeoisie Gesellschaft ist der lebende Mensch abhängig und hat keine Individualität

W społeczeństwie burżuazyjnym żywa osoba jest zależna i nie ma indywidualności

Und die Abschaffung dieses Zustandes wird von der Bourgeoisie als Abschaffung der Individualität und Freiheit bezeichnet!

A zniesienie tego stanu rzeczy burżuazja nazywa zniesieniem indywidualności i wolności!

Und man nennt sie mit Recht die Abschaffung von Individualität und Freiheit!

I słusznie nazywa się to zniesieniem indywidualności i wolności!

Der Kommunismus strebt die Abschaffung der Bourgeoisie Individualität an

Komunizm dąży do zniesienia burżuazyjnej indywidualności

Der Kommunismus strebt die Abschaffung der Unabhängigkeit der Bourgeoisie an

Komunizm dąży do zniesienia niezależności burżuazji

Die BourgeoisieFreiheit ist zweifellos das, was der Kommunismus anstrebt

Wolność burżuazji jest niewątpliwie tym, do czego dąży komunizm

unter den gegenwärtigen Bourgeoisie Produktionsbedingungen bedeutet Freiheit freien Handel, freien Verkauf und freien Kauf

w obecnych burżuazyjnych warunkach produkcji wolność oznacza wolny handel, wolną sprzedaż i kupno

Aber wenn das Verkaufen und Kaufen verschwindet, verschwindet auch das freie Verkaufen und Kaufen

Ale jeśli znika sprzedawanie i kupowanie, znika również swobodna sprzedaż i kupno

"Mutige Worte" der Bourgeoisie über den freien Verkauf und Kauf haben nur eine begrenzte Bedeutung

"Odważne słowa" burżuazji o wolnej sprzedaży i kupnie mają znaczenie tylko w ograniczonym sensie

Diese Worte haben nur im Gegensatz zu eingeschränktem Verkauf und Kauf eine Bedeutung

Słowa te mają znaczenie tylko w przeciwieństwie do ograniczonej sprzedaży i kupna

und diese Worte haben nur dann eine Bedeutung, wenn sie auf die gefesselten Händler des Mittelalters angewandt werden

Słowa te mają sens tylko wtedy, gdy odnoszą się do spętanych kupców średniowiecza

und das setzt voraus, dass diese Worte überhaupt eine Bedeutung im Bourgeoisie Sinne haben

i to zakłada, że słowa te mają nawet znaczenie w sensie burżuazyjnym

aber diese Worte haben keine Bedeutung, wenn sie gebraucht werden, um sich gegen die kommunistische Abschaffung des Kaufens und Verkaufens zu wehren

ale te słowa nie mają żadnego znaczenia, gdy są używane do przeciwstawiania się komunistycznemu zniesieniu kupna i sprzedaży

die Worte haben keine Bedeutung, wenn sie gebraucht werden, um sich gegen die Abschaffung der Bourgeoisie Produktionsbedingungen zu wehren

słowa te nie mają żadnego znaczenia, gdy są używane do przeciwstawienia się zniesieniu burżuazyjnych warunków produkcji

und sie haben keine Bedeutung, wenn sie benutzt werden, um sich gegen die Abschaffung der Bourgeoisie selbst zu wehren

i nie mają żadnego znaczenia, gdy są używane do
sprzeciwiania się obaleniu samej burżuazji

**Sie sind entsetzt über unsere Absicht, das Privateigentum
abzuschaffen**

Jesteście przerażeni tym, że zamierzamy zlikwidować
własność prywatną

**Aber in eurer jetzigen Gesellschaft ist das Privateigentum
für neun Zehntel der Bevölkerung bereits abgeschafft**

Ale w waszym obecnym społeczeństwie własność prywatna
została już zniesiona dla dziewięciu dziesiątych populacji

**Die Existenz des Privateigentums für einige wenige beruht
einzig und allein darauf, dass es in den Händen von neun
Zehnteln der Bevölkerung nicht existiert**

Istnienie własności prywatnej dla nielicznych wynika
wyłącznie z tego, że nie istnieje ona w rękach dziewięciu
dziesiątych populacji

**Sie werfen uns also vor, daß wir eine Form des Eigentums
abschaffen wollen**

Zarzucacie nam więc, że zamierzamy pozbyć się pewnej
formy własności

**Aber das Privateigentum erfordert für die ungeheure
Mehrheit der Gesellschaft die Nichtexistenz jeglichen
Eigentums**

Ale własność prywatna wymaga nieistnienia jakiejkolwiek
własności dla ogromnej większości społeczeństwa

**Mit einem Wort, Sie werfen uns vor, daß wir Ihr Eigentum
beseitigen wollen**

Jednym słowem zarzucasz nam, że zamierzamy pozbyć się
twojej własności

**Und genau so ist es; Ihr Eigentum abzuschaffen, ist genau
das, was wir beabsichtigen**

I tak właśnie jest; pozbycie się Twojej własności jest dokładnie
tym, co zamierzamy

**Von dem Augenblick an, wo die Arbeit nicht mehr in
Kapital, Geld oder Rente verwandelt werden kann**

Od momentu, w którym praca nie może być już zamieniona
na kapitał, pieniądz lub rentę

**wenn die Arbeit nicht mehr in eine gesellschaftliche Macht
umgewandelt werden kann, die monopolisiert werden kann**

kiedy praca nie może być już przekształcona w siłę społeczną
dającą się zmonopolizować

**von dem Augenblick an, wo das individuelle Eigentum
nicht mehr in Bourgeoisie Eigentum verwandelt werden
kann**

od momentu, w którym własność indywidualna nie może być
już przekształcona we własność burżuazyjną

**von dem Augenblick an, wo das individuelle Eigentum
nicht mehr in Kapital verwandelt werden kann**

od momentu, w którym własność indywidualna nie może być
już przekształcona w kapitał

**Von diesem Moment an sagst du, dass die Individualität
verschwindet**

Od tego momentu mówisz, że indywidualność znika

**Sie müssen also gestehen, daß Sie mit »Individuum« keine
andere Person meinen als die Bourgeoisie**

Musicie więc wyznać, że przez "jednostkę" rozumiecie nie
nikogo innego, jak tylko burżuazję

**Sie müssen zugeben, dass es sich speziell auf den
Bourgeoisie Eigentümer von Immobilien bezieht**

Musicie przyznać, że odnosi się to konkretnie do właściciela
nieruchomości z klasy średniej

**Diese Person muss in der Tat aus dem Weg geräumt und
unmöglich gemacht werden**

Osoba ta musi być usunięta z drogi i uniemożliwiona

**Der Kommunismus beraubt niemanden der Macht, sich die
Produkte der Gesellschaft anzueignen**

Komunizm nie pozbawia nikogo władzy przywłaszczania
sobie wytworów społeczeństwa

**Alles, was der Kommunismus tut, ist, ihm die Macht zu
nehmen, die Arbeit anderer durch eine solche Aneignung zu
unterjochen**

wszystko, co robi komunizm, to pozbawienie go władzy
podporządkowania sobie pracy innych za pomocą takiego
zawłaszczenia

**Man hat eingewendet, daß mit der Abschaffung des
Privateigentums alle Arbeit aufhören werde**

Sprzeciwiano się, że po zniesieniu własności prywatnej
ustanie wszelka praca

**Und dann wird suggeriert, dass uns die universelle Faulheit
überwältigen wird**

Sugeruje się wtedy, że dopadnie nas powszechne lenistwo

**Demnach hätte die BourgeoisieGesellschaft schon längst vor
lauter Müßiggang vor die Hunde gehen müssen**

Zgodnie z tym społeczeństwo burżuazyjne już dawno
powinno było zejść na psy przez zwykłe próżniactwo

**denn diejenigen ihrer Mitglieder, die arbeiten, erwerben
nichts**

ponieważ ci z jego członków, którzy pracują, nie zdobywają
niczego

**und diejenigen von ihren Mitgliedern, die etwas erwerben,
arbeiten nicht**

a ci z jego członków, którzy cokolwiek zdobywają, nie pracują

**Der ganze Einwand ist nur ein weiterer Ausdruck der
Tautologie**

Cały ten zarzut jest tylko kolejnym wyrazem tautologii

**Es kann keine Lohnarbeit mehr geben, wenn es kein Kapital
mehr gibt**

Nie może już być pracy najemnej, gdy nie ma już kapitału

**Es gibt keinen Unterschied zwischen materiellen und
mentalen Produkten**

Nie ma różnicy między produktami materialnymi a
wytworami psychicznymi

**Der Kommunismus schlägt vor, dass beides auf die gleiche
Weise produziert wird**

Komunizm proponuje, że oba te elementy są produkowane w
ten sam sposób

aber die Einwände gegen die kommunistischen Produktionsweisen sind dieselben

ale zarzuty przeciwko komunistycznym sposobom ich wytwarzania są takie same

Für die Bourgeoisie ist das Verschwinden des Klasseneigentums das Verschwinden der Produktion selbst

Dla burżuazji zanik własności klasowej jest zanikiem samej produkcji

So ist für ihn das Verschwinden der Klassenkultur identisch mit dem Verschwinden aller Kultur

Tak więc zanik kultury klasowej jest dla niego tożsamy ze zniknięciem wszelkiej kultury

Diese Kultur, deren Verlust er beklagt, ist für die überwiegende Mehrheit ein bloßes Training, um als Maschine zu agieren

Ta kultura, nad której utratą ubolewa, jest dla ogromnej większości zwykłym treningiem do działania jak maszyna

Die Kommunisten haben die Absicht, die Kultur des Bourgeoisie Eigentums abzuschaffen

Komuniści bardzo zamierzają obalić kulturę burżuazyjnej własności

Aber zankt euch nicht mit uns, solange ihr den Maßstab eurer Bourgeoisie Vorstellungen von Freiheit, Kultur, Recht usw. anlegt

Ale nie kłóćcie się z nami tak długo, jak długo stosujecie standardy waszych burżuazyjnych pojęć wolności, kultury, prawa itd

Eure Ideen selbst sind nur die Auswüchse der Bedingungen eurer Bourgeoisie Produktion und eures Bourgeoisie Eigentums

Same wasze idee są tylko wytworem warunków waszej burżuazyjnej produkcji i burżuazyjnej własności

so wie eure Jurisprudenz nichts anderes ist als der Wille eurer Klasse, der zum Gesetz für alle gemacht wurde

tak jak wasza jurysprudzja jest tylko wolą waszej klasy, która została przekształcona w prawo dla wszystkich

Der wesentliche Charakter und die Richtung dieses Willens
werden durch die ökonomischen Bedingungen bestimmt,
die Ihre soziale Klasse schafft

Zasadniczy charakter i kierunek tej woli są zdeterminowane
przez warunki ekonomiczne, jakie stwarza wasza klasa
społeczna

Der selbstsüchtige Irrtum, der dich veranlaßt, soziale
Formen in ewige Gesetze der Natur und der Vernunft zu
verwandeln

Samolubne błędne przekonanie, które skłania cię do
przekształcania form społecznych w wieczne prawa natury i
rozumu

die gesellschaftlichen Formen, die aus eurer gegenwärtigen
Produktionsweise und Eigentumsform entspringen

Formy społeczne wyrastające z waszego obecnego sposobu
produkcji i formy własności

historische Beziehungen, die im Fortschritt der Produktion
auf- und verschwinden

Historyczne stosunki, które powstają i zanikają w postępie
produkcji

Dieses Missverständnis teilt ihr mit jeder herrschenden
Klasse, die euch vorausgegangen ist

To błędne przekonanie dzielicie z każdą klasą rządzącą, która
was poprzedziła

Was Sie bei antikem Eigentum klar sehen, was Sie bei
feudalem Eigentum zugeben

To, co widzisz wyraźnie w przypadku własności starożytnej,
co przyznajesz w przypadku własności feudalnej

diese Dinge dürfen Sie natürlich nicht zugeben, wenn es
sich um Ihre eigene BourgeoisieEigentumsform handelt

Do tych rzeczy nie wolno wam oczywiście przyznawać się w
przypadku waszej własnej, burżuazyjnej formy własności

Abschaffung der Familie! Selbst die Radikalsten entrüsten
sich über diesen infamen Vorschlag der Kommunisten

Zniesienie rodziny! Nawet najbardziej radykalni wybuchają
na tę haniebną propozycję komunistów

Auf welcher Grundlage beruht die heutige Familie, die BourgeoisieFamilie?

Na jakim fundamencie opiera się obecna rodzina, rodzina burżuazyjna?

Die Gründung der heutigen Familie beruht auf Kapital und privatem Gewinn

Fundament obecnej rodziny opiera się na kapitale i prywatnym zysku

In ihrer voll entwickelten Form existiert diese Familie nur unter der Bourgeoisie

W swej całkowicie rozwiniętej formie rodzina ta istnieje tylko wśród burżuazji

Dieser Zustand der Dinge findet seine Ergänzung in der praktischen Abwesenheit der Familie bei den Proletariern

Dopełnieniem tego stanu rzeczy jest praktyczna nieobecność rodziny wśród proletariuszy

Dieser Zustand ist in der öffentlichen Prostitution zu finden

Taki stan rzeczy można znaleźć w publicznej prostytucji

Die BourgeoisieFamilie wird wie selbstverständlich verschwinden, wenn ihr Komplement verschwindet

Rodzina burżuazyjna zniknie jako rzecz oczywista, gdy zniknie jej dopełnienie

Und beides wird mit dem Verschwinden des Kapitals verschwinden

i obie te rzeczy znikną wraz ze zniknięciem kapitału

Werfen Sie uns vor, dass wir die Ausbeutung von Kindern durch ihre Eltern stoppen wollen?

Czy zarzuca nam Pan, że chcemy powstrzymać wykorzystywanie dzieci przez ich rodziców?

Diesem Verbrechen bekennen wir uns schuldig

Do tej zbrodni przyznajemy się

Aber, werden Sie sagen, wir zerstören die heiligsten Beziehungen, wenn wir die häusliche Erziehung durch die soziale Erziehung ersetzen

Ale, powiecie, niszczymy najświętsze stosunki, kiedy zastępujemy edukację domową edukacją społeczną

Ist Ihre Erziehung nicht auch sozial? Und wird sie nicht von den gesellschaftlichen Bedingungen bestimmt, unter denen man erzieht?

Czy twoje wykształcenie nie jest również społeczne? A czyż nie są one zdeterminowane warunkami społecznymi, w jakich się kształcicie?

durch direkte oder indirekte Eingriffe in die Gesellschaft, durch Schulen usw.

poprzez bezpośrednią lub pośrednią interwencję społeczeństwa, szkół itp.

Die Kommunisten haben die Einmischung der Gesellschaft in die Erziehung nicht erfunden

Komuniści nie wymyślili interwencji społeczeństwa w edukację

Sie versuchen lediglich, den Charakter dieses Eingriffs zu ändern

Dążą one jedynie do zmiany charakteru tej interwencji

Und sie versuchen, das Bildungswesen vor dem Einfluss der herrschenden Klasse zu retten

i starają się uratować edukację przed wpływami klasy rządzącej

Die Bourgeoisie spricht von der geheiligten Beziehung von Eltern und Kind

Burżuazja mówi o uświęconym współzwiązku rodzica i dziecka

aber dieses Geschwätz über die Familie und die Erziehung wird um so widerwärtiger, wenn wir die moderne Industrie betrachten

ale ta pułapka na temat rodziny i edukacji staje się jeszcze bardziej obrzydliwa, gdy spojrzymy na Współczesny Przemysł

Alle Familienbande unter den Proletariern werden durch die moderne Industrie zerrissen

Wszystkie więzy rodzinne między proletariuszami są rozrywane przez nowoczesny przemysł

ihre Kinder werden zu einfachen Handelsartikeln und Arbeitsinstrumenten

Ich dzieci stają się prostymi przedmiotami handlu i narzędziami pracy

Aber ihr Kommunisten würdet eine Gemeinschaft von Frauen schaffen, schreit die ganze Bourgeoisie im Chor

Ale wy, komuniści, stworzylibyście wspólnotę kobiet, krzyczy chórem cała burżuazja

Die Bourgeoisie sieht in seiner Frau ein bloßes Produktionsinstrument

Burżuazja widzi w żonie jedynie narzędzie produkcji

Er hört, dass die Produktionsmittel von allen ausgebeutet werden sollen

Słyszy, że narzędzia produkcji mają być eksploatowane przez wszystkich

Und natürlich kann er zu keinem anderen Schluß kommen, als daß das Los, allen gemeinsam zu sein, auch den Frauen zufallen wird

I, naturalnie, nie może dojść do innego wniosku niż ten, że los bycia wspólnym dla wszystkich przypadnie również kobietom

Er hat nicht einmal den geringsten Verdacht, dass es in Wirklichkeit darum geht, die Stellung der Frau als bloße Produktionsinstrumente abzuschaffen

Nie podejrzewa nawet, że prawdziwym celem jest zniesienie statusu kobiet jako zwykłych narzędzi produkcji

Im übrigen ist nichts lächerlicher als die tugendhafte Empörung unserer Bourgeoisie über die Gemeinschaft der Frauen

Co do reszty, nie ma nic śmieszniejszego niż cnotliwe oburzenie naszej burżuazji na wspólnotę kobiet

sie tun so, als ob sie von den Kommunisten offen und offiziell eingeführt werden sollte

udają, że jest ona jawnie i oficjalnie ustanowiona przez komunistów

Die Kommunisten haben es nicht nötig, die Gemeinschaft der Frauen einzuführen, sie existiert fast seit undenklichen Zeiten

Komuniści nie mają potrzeby wprowadzania wspólnoty kobiet, istnieje ona niemal od niepamiętnych czasów

Unsere Bourgeoisie begnügt sich nicht damit, die Frauen und Töchter ihrer Proletarier zur Verfügung zu haben

Nasza burżuazja nie zadowala się tym, że ma do dyspozycji żony i córki swoich proletariuszy

Sie haben das größte Vergnügen daran, ihre Frauen gegenseitig zu verführen

Największą przyjemność sprawia im uwodzenie nawzajem swoich żon

Und das ist noch nicht einmal von gewöhnlichen Prostituierten zu sprechen

Nie mówiąc już o pospolitych prostytutkach

Die BourgeoisieEhe ist in Wirklichkeit ein System gemeinsamer Ehefrauen

Małżeństwo burżuazyjne jest w rzeczywistości systemem wspólnych żon

dann gibt es eine Sache, die man den Kommunisten vielleicht vorwerfen könnte

Jest jeszcze jedna rzecz, którą można by zarzucić komunistom

Sie wollen eine offen legalisierte Gemeinschaft von Frauen einführen

Pragną wprowadzić otwarcie zalegalizowaną wspólnotę kobiet

statt einer heuchlerisch verhüllten Gemeinschaft von Frauen

a nie obłudnie skrywana wspólnota kobiet

Die Gemeinschaft der Frauen, die aus dem Produktionssystem hervorgegangen ist

Wspólnota kobiet wyrastająca z systemu produkcji

Schafft das Produktionssystem ab, und ihr schafft die Gemeinschaft der Frauen ab

Zlikwidujcie system produkcji, a zlikwidujecie wspólnotę kobiet

Sowohl die öffentliche Prostitution als auch die private Prostitution wird abgeschafft

Zniesiona zostaje zarówno prostytucja publiczna, jak i prywatna

Den Kommunisten wird noch dazu vorgeworfen, sie wollten Länder und Nationalitäten abschaffen

Komunistom zarzuca się ponadto, że dążą do zniesienia państw i narodowości

Die Arbeiter haben kein Vaterland, also können wir ihnen nicht nehmen, was sie nicht haben

Robotnicy nie mają ojczyzny, więc nie możemy im odebrać tego, czego nie dostali

Das Proletariat muss vor allem die politische Herrschaft erlangen

Proletariat musi przede wszystkim zdobyć przewagę polityczną

Das Proletariat muss sich zur führenden Klasse der Nation erheben

Proletariat musi wyrosnąć na klasę przywódczą narodu

Das Proletariat muss sich zur Nation konstituieren

Proletariat musi ukonstytuować się jako naród

sie ist bis jetzt selbst national, wenn auch nicht im Bourgeoisie Sinne des Wortes

jest ona jak dotąd sama narodowa, choć nie w burżuazyjnym znaczeniu tego słowa

Nationale Unterschiede und Gegensätze zwischen den Völkern verschwinden täglich mehr und mehr

Różnice i antagonizmy narodowe między narodami zanikają z dnia na dzień coraz bardziej

der Entwicklung der Bourgeoisie, der Freiheit des Handels, des Weltmarktes

dzięki rozwojowi burżuazji, wolności handlu, rynkowi światowemu

zur Gleichförmigkeit der Produktionsweise und der ihr entsprechenden Lebensbedingungen

jednolitości sposobu produkcji i odpowiadających mu
warunków życia

**Die Herrschaft des Proletariats wird sie noch schneller
verschwinden lassen**

Panowanie proletariatu spowoduje, że znikną oni jeszcze
szybciej

**Die einheitliche Aktion, wenigstens der führenden
zivilisierten Länder, ist eine der ersten Bedingungen für die
Befreiung des Proletariats**

Zjednoczone działanie, przynajmniej wiodących krajów
cywilizowanych, jest jednym z pierwszych warunków
wyzwolenia proletariatu

**In dem Maße, wie der Ausbeutung eines Individuums durch
ein anderes ein Ende gesetzt wird, wird auch der
Ausbeutung einer Nation durch eine andere ein Ende
gesetzt.**

W miarę jak kończy się wyzysk jednego narodu przez drugi,
położy się również kres wyzyskowi jednego narodu przez
drugi

**In dem Maße, wie der Antagonismus zwischen den Klassen
innerhalb der Nation verschwindet, wird die Feindschaft
einer Nation gegen die andere ein Ende haben**

W miarę jak zanikają antagonizmy między klasami wewnątrz
narodu, kończy się wrogość jednego narodu do drugiego

**Die Anschuldigungen gegen den Kommunismus, die von
einem religiösen, philosophischen und allgemein von einem
ideologischen Standpunkt aus erhoben werden, verdienen
keine ernsthafte Prüfung**

Zarzuty stawiane komunizmowi z religijnego, filozoficznego i
w ogóle ideologicznego punktu widzenia nie zasługują na
poważną analizę

**Braucht es eine tiefe Intuition, um zu begreifen, dass sich
die Ideen, Ansichten und Vorstellungen des Menschen mit
jeder Veränderung der Bedingungen seiner materiellen
Existenz ändern?**

Czy potrzeba głębokiej intuicji, aby pojąć, że idee, poglądy i
koncepcje człowieka zmieniają się wraz z każdą zmianą
warunków jego materialnej egzystencji?

**Ist es nicht offensichtlich, dass das Bewusstsein des
Menschen sich Verändert, wenn seine sozialen Beziehungen
und sein soziales Leben ändern?**

Czyż nie jest rzeczą oczywistą, że świadomość człowieka
zmienia się, gdy zmieniają się jego stosunki społeczne i życie
społeczne?

**Was beweist die Ideengeschichte anderes, als daß die
geistige Produktion ihren Charakter in dem Maße ändert,
wie die materielle Produktion verändert wird?**

Czegóż innego dowodzi historia idei, jeśli nie tego, że
produkcja intelektualna zmienia swój charakter w miarę jak
zmienia się produkcja materialna?

**Die herrschenden Ideen eines jeden Zeitalters waren immer
die Ideen seiner herrschenden Klasse**

Idee rządzące każdej epoki zawsze były ideami klasy
rządzącej

**Wenn Menschen von Ideen sprechen, die die Gesellschaft
revolutionieren, drücken sie nur eine Tatsache aus**

Kiedy ludzie mówią o ideach, które rewolucjonizują
społeczeństwo, wyrażają tylko jeden fakt

**Innerhalb der alten Gesellschaft wurden die Elemente einer
neuen geschaffen**

W starym społeczeństwie powstały elementy nowego

**und daß die Auflösung der alten Ideen mit der Auflösung
der alten Daseinsverhältnisse Schritt hält**

i że rozpad starych idei dotrzymuje kroku rozkładowi starych
warunków bytu

**Als die Antike in den letzten Zügen lag, wurden die alten
Religionen vom Christentum überwunden**

Kiedy starożytny świat przeżywał swój ostatni upadek,
starożytne religie zostały pokonane przez chrześcijaństwo

**Als die christlichen Ideen im 18. Jahrhundert den
rationalistischen Ideen erlagen, kämpfte die feudale**

Gesellschaft ihren Todeskampf mit der damals
revolutionären Bourgeoisie

Kiedy w XVIII wieku idee chrześcijańskie uległy ideom
racjonalistycznym, społeczeństwo feudalne stoczyło
śmiertelną walkę z rewolucyjną wówczas burżuazją

Die Ideen der Religions- und Gewissensfreiheit brachten
lediglich die Herrschaft des freien Wettbewerbs auf dem
Gebiet des Wissens zum Ausdruck

Idee wolności religijnej i wolności sumienia dały jedynie
wyraz wpływowi wolnej konkurencji w dziedzinie wiedzy

"Zweifellos", wird man sagen, "sind religiöse, moralische,
philosophische und juristische Ideen im Laufe der
geschichtlichen Entwicklung modifiziert worden"

Ktoś powie, że "niewątpliwie idee religijne, moralne,
filozoficzne i prawne ulegały zmianom w ciągu rozwoju
historycznego"

"Aber Religion, Moralphilosophie, Politikwissenschaft und
Recht überlebten diesen Wandel ständig."

"Jednak religia, moralność, filozofia, nauki polityczne i prawo,
nieustannie przetrwały tę zmianę"

"Es gibt auch ewige Wahrheiten, wie Freiheit, Gerechtigkeit
usw."

"Istnieją również wieczne prawdy, takie jak Wolność,
Sprawiedliwość itp."

"Diese ewigen Wahrheiten sind allen Zuständen der
Gesellschaft gemeinsam"

"Te wieczne prawdy są wspólne dla wszystkich stanów
społecznych"

"Aber der Kommunismus schafft die ewigen Wahrheiten ab,
er schafft alle Religion und alle Moral ab."

"Ale komunizm znosi wieczne prawdy, znosi wszelką religię i
wszelką moralność"

"Sie tut dies, anstatt sie auf einer neuen Grundlage zu
konstituieren"

"Robi to, zamiast tworzyć je na nowych podstawach"

"Sie handelt daher im Widerspruch zu allen bisherigen historischen Erfahrungen"

"Działa zatem w sprzeczności z całym przeszłym doświadczeniem historycznym"

Worauf reduziert sich dieser Vorwurf?

Do czego sprowadza się to oskarżenie?

Die Geschichte aller vergangenen Gesellschaften hat in der Entwicklung von Klassengegensätzen bestanden

Historia całego minionego społeczeństwa polegała na rozwoju przeciwieństw klasowych

Antagonismen, die in verschiedenen Epochen unterschiedliche Formen annahmen

antagonizmy, które przybierały różne formy w różnych epokach

Aber welche Form sie auch immer angenommen haben mögen, eine Tatsache ist allen vergangenen Zeitaltern gemeinsam

Bez względu jednak na to, jaką formę przybrały, jeden fakt jest wspólny dla wszystkich minionych wieków

die Ausbeutung eines Teils der Gesellschaft durch den anderen

wyzysk jednej części społeczeństwa przez drugą

Kein Wunder also, dass sich das gesellschaftliche Bewußtsein vergangener Zeiten innerhalb gewisser allgemeiner Formen oder allgemeiner Vorstellungen bewegt

Nic więc dziwnego, że świadomość społeczna minionych wieków porusza się w obrębie pewnych pospolitych form lub ogólnych idei

(und das trotz aller Vielfalt und Vielfalt, die es zeigt)

(i to pomimo całej mnogości i różnorodności, jaką prezentuje)

Und diese können nur mit dem gänzlichen Verschwinden der Klassengegensätze völlig verschwinden

A te nie mogą zniknąć zupełnie, chyba że wraz z całkowitym zanikiem przeciwieństw klasowych

Die kommunistische Revolution ist der radikalste Bruch mit den traditionellen Eigentumsverhältnissen

Rewolucja komunistyczna jest najbardziej radykalnym
zerwaniem z tradycyjnymi stosunkami własności
**Kein Wunder, dass ihre Entwicklung den radikalsten Bruch
mit den traditionellen Vorstellungen mit sich bringt**
Nic dziwnego, że jego rozwój wiąże się z najbardziej
radykalnym zerwaniem z tradycyjnymi ideami
**Aber lassen wir die Einwände der Bourgeoisie gegen den
Kommunismus hinter uns**
Ale skończmy z burżuazyjnymi zarzutami wobec komunizmu
**Wir haben oben den ersten Schritt der Arbeiterklasse in der
Revolution gesehen**
Widzieliśmy powyżej pierwszy krok w rewolucji klasy
robotniczej
**Das Proletariat muss zur Herrschaft erhoben werden, um
den Kampf der Demokratie zu gewinnen**
Proletariat musi zostać podniesiony do pozycji panującej, aby
wygrać bitwę o demokrację
**Das Proletariat wird seine politische Vorherrschaft
benutzen, um der Bourgeoisie nach und nach alles Kapital
zu entreißen**
Proletariat wykorzysta swoją polityczną supremację, aby
stopniowo wyrwać burżuazji cały kapitał
**sie wird alle Produktionsmittel in den Händen des Staates
zentralisieren**
scentralizuje wszystkie instrumenty produkcji w rękach
państwa
**Mit anderen Worten, das Proletariat organisierte sich als
herrschende Klasse**
Innymi słowy, proletariat zorganizował się jako klasa
panująca
**Und sie wird die Summe der Produktivkräfte so schnell wie
möglich vermehren**
i zwiększy sumę sił wytwórczych tak szybko, jak to możliwe
**Natürlich kann dies anfangs nur durch despotische Eingriffe
in die Eigentumsrechte geschehen**

Oczywiście, na początku nie można tego dokonać inaczej, jak tylko za pomocą despotycznych ingerencji w prawa własności

und sie muss unter den Bedingungen der Bourgeoisie Produktion erreicht werden

i musi być osiągnięta na warunkach burżuazyjnej produkcji

Sie wird also durch Maßnahmen erreicht, die wirtschaftlich unzureichend und unhaltbar erscheinen

Osiąga się to zatem za pomocą środków, które z ekonomicznego punktu widzenia wydają się niewystarczające i niemożliwe do utrzymania

aber diese Mittel überflügeln sich im Laufe der Bewegung selbst

Ale te środki, w trakcie ruchu, wyprzedzają same siebie

sie erfordern weitere Eingriffe in die alte Gesellschaftsordnung

Wymuszają one dalsze ingerencje w stary porządek społeczny

und sie sind unvermeidlich, um die Produktionsweise völlig zu revolutionieren

i są nieuniknione jako środek do całkowitego zrewolucjonizowania sposobu produkcji

Diese Maßnahmen werden natürlich in den verschiedenen Ländern unterschiedlich sein

Środki te będą oczywiście różne w różnych krajach

Nichtsdestotrotz wird in den am weitesten fortgeschrittenen Ländern das Folgende ziemlich allgemein anwendbar sein

Niemniej jednak w najbardziej rozwiniętych krajach następujące zasady będą miały dość ogólne zastosowanie

1. Abschaffung des Grundeigentums und Verwendung aller Grundrenten für öffentliche Zwecke.

1. Zniesienie własności gruntów i przeznaczenie wszystkich rent gruntowych na cele publiczne.

2. Eine hohe progressive oder abgestufte Einkommensteuer.

2. Wysoki progresywny lub progresywny podatek dochodowy.

3. Abschaffung jeglichen Erbrechts.

3. Zniesienie wszelkich praw dziedziczenia.

4. Konfiskation des Eigentums aller Emigranten und Rebellen.

4. Konfiskata majątku wszystkich emigrantów i buntowników.

5. Zentralisierung des Kredits in den Händen des Staates durch eine Nationalbank mit staatlichem Kapital und ausschließlichem Monopol.

5. Centralizacja kredytu w rękach państwa za pomocą banku narodowego z kapitałem państwowym i wyłącznym monopolem.

6. Zentralisierung der Kommunikations- und Transportmittel in den Händen des Staates.

6. Centralizacja środków komunikacji i transportu w rękach państwa.

7. Ausbau der Fabriken und Produktionsmittel im Eigentum des Staates

7. Rozbudowa fabryk i urządzeń produkcji będących własnością państwa

die Kultivierung von Ödland und die Verbesserung des Bodens überhaupt nach einem gemeinsamen Plan.

zagospodarowanie nieużytków i poprawa stanu gleby na ogół zgodnie ze wspólnym planem.

8. Gleiche Haftung aller für die Arbeit

8. Równa odpowiedzialność wszystkich wobec pracy

Aufbau von Industriearmeen, vor allem für die Landwirtschaft.

Tworzenie armii przemysłowych, zwłaszcza dla rolnictwa.

9. Kombination der Landwirtschaft mit dem verarbeitenden Gewerbe

9. Połączenie rolnictwa z przemysłem wytwórczym

allmähliche Aufhebung der Unterscheidung zwischen Stadt und Land durch eine gleichmäßigere Verteilung der Bevölkerung über das Land.

stopniowe zniesienie różnicy między miastem a wsią przez bardziej równomierne rozmieszczenie ludności na wsi.

10. Kostenlose Bildung für alle Kinder in öffentlichen Schulen.

10. Bezpłatna edukacja dla wszystkich dzieci w szkołach publicznych.

Abschaffung der Kinderfabrikarbeit in ihrer jetzigen Form
Zniesienie pracy dzieci w fabrykach w obecnej formie
Kombination von Bildung und industrieller Produktion
Połączenie edukacji z produkcją przemysłową
Wenn im Laufe der Entwicklung die Klassenunterschiede verschwunden sind
Kiedy w toku rozwoju zniknęły różnice klasowe
und wenn die ganze Produktion in den Händen einer ungeheuren Assoziation der ganzen Nation konzentriert ist
i kiedy cała produkcja została skoncentrowana w rękach ogromnego stowarzyszenia całego narodu
dann verliert die Staatsgewalt ihren politischen Charakter
Wtedy władza publiczna straci swój polityczny charakter
Politische Macht, eigentlich so genannt, ist nichts anderes als die organisierte Macht einer Klasse, um eine andere zu unterdrücken
Władza polityczna, w ścisłym tego słowa znaczeniu, jest tylko zorganizowaną władzą jednej klasy w celu uciskania drugiej
Wenn das Proletariat in seinem Kampf mit der Bourgeoisie durch die Gewalt der Umstände gezwungen ist, sich als Klasse zu organisieren
Jeżeli proletariat w czasie walki z burżuazją zmuszony jest siłą okoliczności do zorganizowania się jako klasa
wenn sie sich durch eine Revolution zur herrschenden Klasse macht
jeśli za pomocą rewolucji uczyni z siebie klasę panującą
und als solche fegt sie mit Gewalt die alten Produktionsbedingungen hinweg
i jako taka siłą zmiata stare warunki produkcji
dann wird sie mit diesen Bedingungen auch die Bedingungen für die Existenz der Klassengegensätze und der Klassen überhaupt hinweggefegt haben
Wtedy wraz z tymi warunkami zmiecie ona warunki istnienia przeciwieństw klasowych i klas w ogóle

und wird damit seine eigene Vorherrschaft als Klasse aufgehoben haben.

i w ten sposób zniesie swoją własną supremację jako klasa.

An die Stelle der alten Bourgeoisie Gesellschaft mit ihren Klassen und Klassengegensätzen treten eine Assoziation

W miejsce starego społeczeństwa burżuazyjnego, z jego klasami i przeciwieństwami klasowymi, będziemy mieli stowarzyszenie

eine Assoziation, in der die freie Entwicklung eines jeden die Bedingung für die freie Entwicklung aller ist

stowarzyszenie, w którym swobodny rozwój każdego jest warunkiem swobodnego rozwoju wszystkich

1) Reaktionärer Sozialismus
1) Reakcyjny socjalizm

a) Feudaler Sozialismus
a) Socjalizm feudalny

die Aristokratien Frankreichs und Englands hatten eine einzigartige historische Stellung
arystokracja Francji i Anglii miała wyjątkową pozycję historyczną
es wurde zu ihrer Berufung, Pamphlete gegen die moderne Boureoisie Gesellschaft zu schreiben
Ich powołaniem stało się pisanie pamfletów przeciwko nowoczesnemu społeczeństwu burżuazyjnemu
In der französischen Revolution vom Juli 1830 und in der englischen Reformagitation
W rewolucji francuskiej lipca 1830 r. i w angielskiej agitacji reformatorskiej
Diese Aristokratien erlagen wieder dem hasserfüllten Emporkömmling
Arystokracje te ponownie uległy znienawidzonemu parweniuszowi
An eine ernsthafte politische Auseinandersetzung war fortan nicht mehr zu denken
Odtąd poważna walka polityczna nie wchodziła w rachubę
Alles, was möglich blieb, war eine literarische Schlacht, keine wirkliche Schlacht
Jedyne, co pozostało możliwe, to bitwa literacka, a nie prawdziwa bitwa
Aber auch auf dem Gebiet der Literatur waren die alten Schreie der Restaurationszeit unmöglich geworden
Ale nawet w dziedzinie literatury dawne krzyki z okresu restauracji stały się niemożliwe
Um Sympathie zu erregen, mußte die Aristokratie offenbar ihre eigenen Interessen aus den Augen verlieren

Aby wzbudzić sympatię, arystokracja musiała stracić z oczu własne interesy
und sie waren gezwungen, ihre Anklage gegen die Bourgeoisie im Interesse der ausgebeuteten Arbeiterklasse zu formulieren
i byli zmuszeni sformułować swój akt oskarżenia przeciwko burżuazji w interesie wyzyskiwanej klasy robotniczej
So rächte sich die Aristokratie, indem sie ihren neuen Herrn verspottete
W ten sposób arystokracja zemściła się, śpiewając paszkwile na swojego nowego pana
Und sie rächten sich, indem sie ihm unheimliche Prophezeiungen über die kommende Katastrophe ins Ohr flüsterten
i zemścili się, szepcząc mu do uszu złowrogie proroctwa o nadchodzącej katastrofie
So entstand der feudale Sozialismus: halb Klage, halb Spott
W ten sposób powstał socjalizm feudalny: na poły lament, na poły paszkwil
Es klang halb wie ein Echo der Vergangenheit und projizierte halb die Bedrohung der Zukunft
Rozbrzmiewało jak na wpół echo przeszłości, a na wpół widmo przyszłości
zuweilen traf sie durch ihre bittere, geistreiche und scharfe Kritik die Bourgeoisie bis ins Mark
niekiedy swoją gorzką, dowcipną i przenikliwą krytyką uderzała burżuazję do głębi
aber es war immer lächerlich in seiner Wirkung, weil es völlig unfähig war, den Gang der neueren Geschichte zu begreifen
ale zawsze było to śmieszne w skutkach, przez całkowitą niezdolność do zrozumienia marszu nowożytnej historii
Die Aristokratie schwenkte, um das Volk um sich zu scharen, den proletarischen Almosensack als Banner
Arystokracja, aby zjednoczyć lud wokół siebie, wymachiwała proletariacką torbą jałmużny przed sobą po sztandar

Aber das Volk, so oft es sich zu ihnen gesellte, sah auf seinem Hinterteil die alten Feudalwappen

Lud zaś, ilekroć się do nich przyłączał, widział na tylnych stronach stare feudalne herby

Und sie verließen mit lautem und respektlosem Gelächter

i odeszli z głośnym i lekceważącym śmiechem

Ein Teil der französischen Legitimisten und des "jungen Englands" zeigte dieses Schauspiel

Jedna z sekcji francuskich legitymistów i "Młodej Anglii" wystawiła ten spektakl

die Feudalisten wiesen darauf hin, dass ihre Ausbeutungsweise eine andere sei als die der Bourgeoisie

feudałowie wskazywali, że ich sposób wyzysku jest inny niż burżuazji

Die Feudalisten vergessen, dass sie unter ganz anderen Umständen und Bedingungen ausgebeutet haben

Feudałowie zapominają, że wyzyskiwali w zupełnie innych okolicznościach i warunkach

Und sie haben nicht bemerkt, dass solche Methoden der Ausbeutung heute veraltet sind

I nie zauważyli, że takie metody wyzysku są już przestarzałe

Sie zeigten, dass unter ihrer Herrschaft das moderne Proletariat nie existiert hat

Pokazali, że pod ich rządami nowoczesny proletariat nigdy nie istniał

aber sie vergessen, daß die moderne Bourgeoisie der notwendige Sprößling ihrer eigenen Gesellschaftsform ist

Zapominają jednak, że współczesna burżuazja jest koniecznym potomstwem ich własnej formy społeczeństwa

Im übrigen verbergen sie kaum den reaktionären Charakter ihrer Kritik

Co do reszty, z trudem ukrywają reakcyjny charakter swojej krytyki

ihre Hauptanklage gegen die Bourgeoisie läuft auf folgendes hinaus

Ich główny zarzut wobec burżuazji sprowadza się do tego, co następuje

unter dem Boureoisie Regime entwickelt sich eine soziale Klasse

w ustroju burżuazyjnym rozwija się klasa społeczna

Diese soziale Klasse ist dazu bestimmt, die alte Gesellschaftsordnung an der Wurzel zu zerschneiden

Przeznaczeniem tej klasy społecznej jest zapuszczenie korzeni i rozgałęzienie starego porządku społecznego

Womit sie die Bourgeoisie aufpeppen, ist nicht so sehr, dass sie ein Proletariat schafft

To, co ganią burżuazję, to nie tyle to, że tworzy ona proletariat

womit sie die Bourgeoisie aufpeppen, ist mehr, dass sie ein revolutionäres Proletariat schafft

to, co ganią burżuazję, to tym bardziej, że tworzy ona rewolucyjny proletariat

In der politischen Praxis beteiligen sie sich daher an allen Zwangsmaßnahmen gegen die Arbeiterklasse

Dlatego w praktyce politycznej przyłączają się oni do wszelkich środków przymusu przeciwko klasie robotniczej

Und im gewöhnlichen Leben bücken sie sich, trotz ihrer hochtrabenden Phrasen, um die goldenen Äpfel aufzuheben, die vom Baum der Industrie fallen gelassen wurden

A w zwykłym życiu, pomimo swoich górnolotnych frazesów, pochylają się, by podnieść złote jabłka upuszczone z drzewa przemysłu

Und sie tauschen Wahrheit, Liebe und Ehre gegen den Handel mit Wolle, Rote-Bete-Zucker und Kartoffelbränden

Wymieniają też prawdę, miłość i honor na handel wełną, cukrem buraczanym i spirytusem ziemniaczanym

Wie der Pfarrer immer Hand in Hand mit dem Gutsherrn gegangen ist, so ist es der klerikale Sozialismus mit dem feudalen Sozialismus getan

Tak jak proboszcz zawsze szedł ręka w rękę z właścicielem ziemskim, tak socjalizm klerykalny z socjalizmem feudalnym

Nichts ist leichter, als der christlichen Askese einen sozialistischen Anstrich zu geben

Nie ma nic prostszego niż nadać chrześcijańskiej ascezie socjalistyczne zabarwienie

Hat nicht das Christentum gegen das Privateigentum, gegen die Ehe, gegen den Staat deklamiert?

Czyż chrześcijaństwo nie wypowiadało się przeciwko własności prywatnej, przeciwko małżeństwu, przeciwko państwu?

Hat das Christentum nicht an die Stelle dieser Nächstenliebe und Armut getreten?

Czyż chrześcijaństwo nie nauczało w ich miejsce miłości bliźniego i ubóstwa?

Predigt das Christentum nicht den Zölibat und die Abtötung des Fleisches, das monastische Leben und die Mutter Kirche?

Czyż chrześcijaństwo nie głosi celibatu i umartwienia ciała, życia monastycznego i Matki Kościoła?

Der christliche Sozialismus ist nur das Weihwasser, mit dem der Priester das Herzbrennen des Aristokraten weiht

Chrześcijański socjalizm jest tylko wodą święconą, którą ksiądz uświęca palące serce arystokraty

b) Kleinbürgerlicher Sozialismus
b) Socjalizm drobnomieszczański

**Die feudale Aristokratie war nicht die einzige Klasse, die
von der Bourgeoisie ruiniert wurde**
Arystokracja feudalna nie była jedyną klasą, która została
zrujnowana przez burżuazję
**sie war nicht die einzige Klasse, deren Existenzbedingungen
in der Atmosphäre der modernen Bourgeoisie Gesellschaft
schmachten und zugrunde gingen**
Nie była to jedyna klasa, której warunki egzystencji tęskniły i
ginęły w atmosferze nowoczesnego społeczeństwa
burżuazyjnego
**Die mittelalterliche Bürgerschaft und die kleinbäuerlichen
Eigentümer waren die Vorläufer des modernen Bourgeoisie**
Średniowieczne mieszczaństwo i drobni chłopi byli
prekursorami nowożytnego mieszczaństwa
**In den Ländern, die industriell und kommerziell nur wenig
entwickelt sind, vegetieren diese beiden Klassen noch Seite
an Seite**
W krajach słabo rozwiniętych pod względem przemysłowym i
handlowym te dwie klasy wegetują jeszcze obok siebie
**und in der Zwischenzeit erhebt sich die Bourgeoisie neben
ihnen: industriell, kommerziell und politisch**
a tymczasem obok nich powstaje burżuazja: przemysłowo,
handlowo i politycznie
**In den Ländern, in denen die moderne Zivilisation voll
entwickelt ist, hat sich eine neue Klasse des
Kleinbourgeoisie gebildet**
W krajach, w których cywilizacja nowożytna stała się w pełni
rozwinięta, ukształtowała się nowa klasa
drobnomieszczaństwa
**diese neue soziale Klasse schwankt zwischen Proletariat
und Bourgeoisie**
ta nowa klasa społeczna oscyluje między proletariatem a
burżuazją

und sie erneuert sich ständig als ergänzender Teil der Bourgeoisie Gesellschaft

i wciąż się odnawia jako uzupełniająca część społeczeństwa burżuazyjnego

Die einzelnen Glieder dieser Klasse aber werden fortwährend in das Proletariat hinabgeschleudert

Poszczególni członkowie tej klasy są jednak nieustannie spychani w proletariat

sie werden vom Proletariat durch die Einwirkung der Konkurrenz aufgesaugt

Są one zasysane przez proletariat poprzez działanie konkurencji

In dem Maße, wie sich die moderne Industrie entwickelt, sehen sie sogar den Augenblick herannahen, in dem sie als eigenständiger Teil der modernen Gesellschaft völlig verschwinden wird

Wraz z rozwojem nowoczesnego przemysłu widzą nawet zbliżający się moment, w którym całkowicie znikną jako niezależna część nowoczesnego społeczeństwa

Sie werden in der Manufaktur, in der Landwirtschaft und im Handel durch Aufseher, Gerichtsvollzieher und Krämer ersetzt werden

W manufakturach, rolnictwie i handlu zastąpią ich dozorcy, komornicy i sklepikarze

In Ländern wie Frankreich, wo die Bauern weit mehr als die Hälfte der Bevölkerung ausmachen

W krajach takich jak Francja, gdzie chłopi stanowią znacznie więcej niż połowę ludności

es war natürlich, dass es Schriftsteller gab, die sich auf die Seite des Proletariats gegen die Bourgeoisie stellten

było rzeczą naturalną, że znaleźli się pisarze, którzy stanęli po stronie proletariatu przeciwko burżuazji

in ihrer Kritik am Bourgeoisie Regime benutzten sie den Maßstab des Bauern- und Kleinbourgeoisie

w krytyce ustroju burżuazyjnego posługiwali się sztandarem chłopskim i drobnomieszczaństwa

Und vom Standpunkt dieser Zwischenklassen aus ergreifen
sie die Keule für die Arbeiterklasse
Z punktu widzenia tych klas pośrednich przejmują pałki dla
klasy robotniczej
So entstand der Kleinbourgeoisie Sozialismus, dessen
Haupt Sismondi nicht nur in Frankreich, sondern auch in
England war
W ten sposób powstał socjalizm drobnomieszczański, którego
Sismondi był szefem tej szkoły, nie tylko we Francji, ale i w
Anglii
Diese Schule des Sozialismus sezierte mit großer Schärfe die
Widersprüche in den Bedingungen der modernen
Produktion
Ta szkoła socjalizmu z wielką wnikliwością analizowała
sprzeczności w warunkach nowoczesnej produkcji
Diese Schule entlarvte die heuchlerischen
Entschuldigungen der Ökonomen
Szkoła ta obnażyła obłudne przeprosiny ekonomistów
Diese Schule bewies unwiderlegbar die verheerenden
Auswirkungen der Maschinerie und der Arbeitsteilung
Szkoła ta dowiodła niezaprzeczalnie zgubnych skutków
maszyn i podziału pracy
Es bewies die Konzentration von Kapital und Grund und
Boden in wenigen Händen
Dowodziło to koncentracji kapitału i ziemi w rękach
nielicznych
sie bewies, wie Überproduktion zu Bourgeoisie-Krisen führt
dowiodła, jak nadprodukcja prowadzi do kryzysów burżuazji
sie wies auf den unvermeidlichen Ruin des
Kleinbourgeoisie' und der Bauern hin
wskazywał na nieuchronną ruinę drobnomieszczaństwa i
chłopstwa
das Elend des Proletariats, die Anarchie in der Produktion,
die schreiende Ungleichheit in der Verteilung des
Reichtums

nędza proletariatu, anarchia w produkcji, rażące nierówności
w podziale bogactwa

**Er zeigte, wie das Produktionssystem den industriellen
Vernichtungskrieg zwischen den Nationen führt**

Pokazała, w jaki sposób system produkcji prowadzi
przemysłową wojnę eksterminacyjną między narodami

**die Auflösung der alten sittlichen Bande, der alten
Familienverhältnisse, der alten Nationalitäten**

Rozpad starych więzów moralnych, starych stosunków
rodzinnych, starych narodowości

**In ihren positiven Zielen strebt diese Form des Sozialismus
jedoch eines von zwei Dingen an**

Jednak w swoich pozytywnych celach ta forma socjalizmu
dąży do osiągnięcia jednej z dwóch rzeczy

**Entweder zielt sie darauf ab, die alten Produktions- und
Tauschmittel wiederherzustellen**

albo ma na celu przywrócenie starych środków produkcji i
wymiany

**und mit den alten Produktionsmitteln würde sie die alten
Eigentumsverhältnisse und die alte Gesellschaft
wiederherstellen**

A przy starych środkach produkcji przywróciłoby dawne
stosunki własności i stare społeczeństwo

**oder sie zielt darauf ab, die modernen Produktions- und
Austauschmittel in den alten Rahmen der
Eigentumsverhältnisse zu zwängen**

albo też dąży do włoczenia nowoczesnych środków produkcji
i wymiany w stare ramy stosunków własności

In beiden Fällen ist es sowohl reaktionär als auch utopisch

W obu przypadkach jest ona zarówno reakcyjna, jak i utopijna

**Seine letzten Worte lauten: Korporativzünfte für die
Manufaktur, patriarchalische Verhältnisse in der
Landwirtschaft**

Jego ostatnie słowa brzmią: korporacyjne cechy
manufakturowe, patriarchalne stosunki w rolnictwie

Schließlich, als hartnäckige historische Tatsachen alle
berauschenden Wirkungen der Selbsttäuschung zerstreut
hatten,

Ostatecznie, gdy uparte fakty historyczne rozproszyły
wszystkie odurzające skutki samooszukiwania się

diese Form des Sozialismus endete in einem elenden Anfall
von Mitleid

ta forma socjalizmu zakończyła się żałosnym napadem litości

c) Deutscher oder "wahrer" Sozialismus
c) Socjalizm niemiecki lub "prawdziwy"

Die sozialistische und kommunistische Literatur Frankreichs entstand unter dem Druck einer herrschenden Bourgeoisie
Literatura socjalistyczna i komunistyczna Francji powstała pod naciskiem burżuazji u władzy
Und diese Literatur war der Ausdruck des Kampfes gegen diese Macht
I ta literatura była wyrazem walki z tą potęgą
sie wurde in Deutschland zu einer Zeit eingeführt, als die Bourgeoisie gerade ihren Kampf mit dem feudalen Absolutismus begonnen hatte
Została ona wprowadzona do Niemiec w czasie, gdy burżuazja dopiero zaczynała walkę z feudalnym absolutyzmem
Deutsche Philosophen, Möchtegern-Philosophen und Beaux Esprits griffen begierig zu dieser Literatur
Niemieccy filozofowie, niedoszli filozofowie i beaux esprits skwapliwie sięgali po tę literaturę
aber sie vergaßen, daß die Schriften aus Frankreich nach Deutschland einwanderten, ohne die französischen Gesellschaftsverhältnisse mitzubringen
Zapomnieli jednak, że pisma te wyemigrowały z Francji do Niemiec, nie przynosząc ze sobą francuskich warunków społecznych
Im Kontakt mit den deutschen gesellschaftlichen Verhältnissen verlor diese französische Literatur ihre unmittelbare praktische Bedeutung
W zetknięciu z niemieckimi warunkami społecznymi literatura francuska utraciła całe swoje bezpośrednie znaczenie praktyczne
und die kommunistische Literatur Frankreichs nahm in deutschen akademischen Kreisen einen rein literarischen Aspekt an

a literatura komunistyczna Francji nabrała w niemieckich
kręgach akademickich aspektu czysto literackiego
**So waren die Forderungen der ersten Französischen
Revolution nichts anderes als die Forderungen der
"praktischen Vernunft"**
Tak więc żądania pierwszej Rewolucji Francuskiej nie były
niczym więcej niż żądaniami "Rozumu Praktycznego"
**und die Willensäußerung der revolutionären französischen
Bourgeoisie bedeutete in ihren Augen das Gesetz des reinen
Willens**
a wypowiedzenie woli rewolucyjnej burżuazji francuskiej
oznaczało w ich oczach prawo czystej woli
**es bedeutete den Willen, wie er sein mußte; des wahren
menschlichen Willens überhaupt**
oznaczało to wolę taką, jaka być musiała być; prawdziwej
ludzkiej woli na ogół
**Die Welt der deutschen Literaten bestand einzig und allein
darin, die neuen französischen Ideen mit ihrem alten
philosophischen Gewissen in Einklang zu bringen**
Świat niemieckich literatów polegał wyłącznie na
doprowadzeniu nowych francuskich idei do harmonii z ich
starożytnym sumieniem filozoficznym
**oder vielmehr, sie annektierten die französischen Ideen,
ohne ihren eigenen philosophischen Standpunkt
aufzugeben**
a raczej zaanektowali francuskie idee, nie porzucając własnego
filozoficznego punktu widzenia
**Diese Annexion vollzog sich auf die gleiche Weise, wie man
sich eine Fremdsprache aneignet, nämlich durch
Übersetzung**
Aneksja ta odbyła się w taki sam sposób, w jaki przywłaszcza
się język obcy, a mianowicie przez tłumaczenie
**Es ist bekannt, wie die Mönche alberne Leben katholischer
Heiliger über Manuskripte schrieben**
Powszechnie wiadomo, jak mnisi pisali głupie żywoty
katolickich świętych na rękopisach

die Manuskripte, auf denen die klassischen Werke des antiken Heidentums geschrieben waren

manuskrypty, na których napisano klasyczne dzieła starożytnego pogaństwa

Die deutschen Literaten kehrten diesen Prozess mit der profanen französischen Literatur um

Niemieccy literaci odwrócili ten proces za pomocą świeckiej literatury francuskiej

Sie schrieben ihren philosophischen Unsinn unter das französische Original

Swoje filozoficzne bzdury pisali pod francuskim oryginałem

Zum Beispiel schrieben sie unter der französischen Kritik an den ökonomischen Funktionen des Geldes "Entfremdung der Menschheit"

Na przykład, pod francuską krytyką ekonomicznych funkcji pieniądza, napisali "Alienację ludzkości"

unter die französische Kritik am Bourgeoisie Staat schrieben sie "Entthronung der Kategorie des Generals"

Pod francuską krytyką państwa burżuazyjnego pisali "detronizację kategorii generała"

Die Einführung dieser philosophischen Phrasen hinter der französischen Geschichtskritik nannten sie:

Wprowadzenie tych filozoficznych zwrotów na tyłach francuskiej krytyki historycznej nazwali następująco:

"Philosophie des Handelns", "Wahrer Sozialismus", "Deutsche Sozialismuswissenschaft", "Philosophische Grundlagen des Sozialismus" und so weiter

"Filozofia działania", "Prawdziwy socjalizm", "Niemiecka nauka o socjalizmie", "Filozoficzne podstawy socjalizmu" i tak dalej

Die französische sozialistische und kommunistische Literatur wurde damit völlig entmannt

Francuska literatura socjalistyczna i komunistyczna została w ten sposób całkowicie wykastrowana

in den Händen der deutschen Philosophen hörte sie auf, den Kampf der einen Klasse mit der anderen auszudrücken

w rękach filozofów niemieckich przestała wyrażać walkę
jednej klasy z drugą

**und so fühlten sich die deutschen Philosophen bewußt, die
"französische Einseitigkeit" überwunden zu haben**
W ten sposób niemieccy filozofowie mieli świadomość, że
przezwyciężyli "francuską jednostronność"

**Sie musste keine wahren Forderungen repräsentieren,
sondern sie repräsentierte Forderungen der Wahrheit**
Nie musiała ona reprezentować prawdziwych wymagań, ale
raczej przedstawiała wymagania prawdy

**es gab kein Interesse am Proletariat, sondern an der
menschlichen Natur**
Nie interesował się proletariatem, interesowała go raczej
natura ludzka

**das Interesse galt dem Menschen überhaupt, der keiner
Klasse angehört und keine Wirklichkeit hat**
interesował się człowiekiem w ogóle, który nie należy do
żadnej klasy i nie ma rzeczywistości

**ein Mann, der nur im nebligen Reich der philosophischen
Fantasie existiert**
Człowiek, który istnieje tylko w mglistej krainie filozoficznej
fantazji

**aber schließlich verlor auch dieser deutsche
Schulsozialismus seine pedantische Unschuld**
ale w końcu ten uczeń niemieckiego socjalizmu również stracił
swoją pedantyczną niewinność

**die deutsche Bourgeoisie und besonders die preußische
Bourgeoisie kämpfte gegen die feudale Aristokratie**
burżuazja niemiecka, a zwłaszcza burżuazja pruska walczyła z
feudalną arystokracją

**auch die absolute Monarchie Deutschlands und Preußens
wurde bekämpft**
Walka toczyła się również z monarchią absolutną Niemiec i
Prus

**Und im Gegenzug wurde auch die Literatur der liberalen
Bewegung ernster**

Z kolei literatura ruchu liberalnego stała się bardziej poważna

Deutschlands lang ersehnte Chance auf einen "wahren" Sozialismus wurde geboten

Zaoferowano Niemcom długo upragnioną szansę na "prawdziwy" socjalizm

die Möglichkeit, die politische Bewegung mit den sozialistischen Forderungen zu konfrontieren

możliwość skonfrontowania ruchu politycznego z żądaniami socjalistycznymi

die Gelegenheit, die traditionellen Bannsprüche gegen den Liberalismus zu schleudern

Okazja do rzucenia tradycyjnych klątw na liberalizm

die Möglichkeit, die repräsentative Regierung und die Bourgeoisie Konkurrenz anzugreifen

okazja do zaatakowania rządu przedstawicielskiego i burżuazyjnej konkurencji

Pressefreiheit der Bourgeoisie, Bourgeoisie Gesetzgebung, Bourgeoisie Freiheit und Gleichheit

Burżuazyjna wolność prasy, burżuazyjne ustawodawstwo, burżuazyjna wolność i równość

All dies könnte nun in der realen Welt kritisiert werden, anstatt in der Fantasie

Wszystko to można by teraz krytykować w świecie rzeczywistym, a nie w fantazji

Feudalaristokratie und absolute Monarchie hatten den Massen lange gepredigt

Feudalna arystokracja i monarchia absolutna od dawna głosiły kazania masom

"Der Arbeiter hat nichts zu verlieren und er hat alles zu gewinnen"

"Człowiek pracy nie ma nic do stracenia, a ma wszystko do zyskania"

auch die Bourgeoisie bewegung bot eine Chance, sich mit diesen Plattitüden auseinanderzusetzen

Ruch burżuazyjny również dawał szansę skonfrontowania się z tymi frazesami

die französische Kritik setzte die Existenz der modernen
Bourgeoisie Gesellschaft voraus
krytyka francuska zakładała istnienie nowoczesnego
społeczeństwa burżuazyjnego
Bourgeoisie, ökonomische Existenzbedingungen und
Bourgeoisie politische Verfassung
Burżuazyjne ekonomiczne warunki egzystencji i burżuazyjny
ustrój polityczny
gerade die Dinge, deren Errungenschaft Gegenstand des in
Deutschland anstehenden Kampfes war
te same rzeczy, których osiągnięcie było przedmiotem toczącej
się walki w Niemczech
Deutschlands albernes Echo des Sozialismus hat diese Ziele
gerade noch rechtzeitig aufgegeben
Głupie echo socjalizmu w Niemczech porzuciło te cele w samą
porę
Die absoluten Regierungen hatten ihre Gefolgschaft aus
Pfarrern, Professoren, Landjunkern und Beamten
Rządy absolutne miały swoich zwolenników w postaci
proboszczów, profesorów, dziedziców i urzędników
die damalige Regierung begegnete den deutschen
Arbeiteraufständen mit Auspeitschungen und Kugeln
ówczesny rząd odpowiedział na niemieckie powstania
robotnicze chłostą i kulami
ihnen diente dieser Sozialismus als willkommene
Vogelscheuche gegen die drohende Bourgeoisie
Dla nich socjalizm ten był mile widzianym strachem na
wróble przed groźną burżuazją
und die deutsche Regierung konnte nach den bitteren
Pillen, die sie austeilte, ein süßes Dessert anbieten
a rząd niemiecki był w stanie zaoferować słodki deser po
gorzkich pigułkach, które rozdał
dieser "wahre" Sozialismus diente also den Regierungen als
Waffe im Kampf gegen die deutsche Bourgeoisie
ten "prawdziwy" socjalizm służył więc rządom jako oręż w
walce z burżuazją niemiecką

und gleichzeitig repräsentierte sie direkt ein reaktionäres
Interesse; die der deutschen Philister
a jednocześnie bezpośrednio reprezentował interes reakcyjny;
Filistyni germańscy
In Deutschland ist das Kleinbourgeoisie die wirkliche
gesellschaftliche Grundlage des bestehenden Zustandes
W Niemczech drobnomieszczaństwo jest rzeczywistą
społeczną podstawą istniejącego stanu rzeczy
Ein Relikt des sechzehnten Jahrhunderts, das immer wieder
in verschiedenen Formen auftaucht
relikt XVI wieku, który nieustannie pojawia się pod różnymi
formami
Diese Klasse zu bewahren bedeutet, den bestehenden
Zustand in Deutschland zu bewahren
Zachowanie tej klasy jest równoznaczne z zachowaniem
istniejącego stanu rzeczy w Niemczech
Die industrielle und politische Vorherrschaft der
Bourgeoisie bedroht das KleinBourgeoisie mit der sicheren
Vernichtung
Przemysłowa i polityczna supremacja burżuazji grozi
drobnomieszczaństwu pewną zagładą
auf der einen Seite droht sie das Kleinbourgeoisiedurch die
Konzentration des Kapitals zu vernichten
z jednej strony grozi zniszczeniem drobnomieszczaństwa
poprzez koncentrację kapitału
auf der anderen Seite droht die Bourgeoisie, sie durch den
Aufstieg eines revolutionären Proletariats zu zerstören
z drugiej strony, burżuazja grozi jej zniszczeniem przez
powstanie rewolucyjnego proletariatu
Der "wahre" Sozialismus schien diese beiden Fliegen mit
einer Klappe zu schlagen. Es breitete sich wie eine Epidemie
aus
"Prawdziwy" socjalizm zdawał się upiec te dwie pieczenie na
jednym ogniu. Rozprzestrzeniał się jak epidemia
Das Gewand spekulativer Spinnweben, bestickt mit Blumen
der Rhetorik, durchtränkt vom Tau kränklicher Gefühle

Szata ze spekulatywnych pajęczyn, wyszywana kwiatami
retoryki, przesiąknięta rosą chorobliwego sentymentu
**dieses transzendentale Gewand, in das die deutschen
Sozialisten ihre traurigen "ewigen Wahrheiten" hüllten**
ta transcendentalna szata, w którą niemieccy socjaliści owinęli
swoje żałosne "wieczne prawdy"
**alle Haut und Knochen, dienten dazu, den Absatz ihrer
Waren bei einem solchen Publikum wunderbar zu
vermehren.**
Cała skóra i kości, przyczyniły się do cudownego zwiększenia
sprzedaży ich towarów wśród takiej publiczności
**Und der deutsche Sozialismus seinerseits erkannte mehr
und mehr seine eigene Berufung**
Ze swej strony socjalizm niemiecki coraz bardziej uznawał
swoje powołanie
**sie war berufen, die bombastische Vertreterin des
Kleinbourgeoisie Philisters zu sein**
Nazywano go bombastycznym przedstawicielem
drobnomieszczańskiego filistra
**Sie proklamierte die deutsche Nation als Musternation und
den deutschen Kleinphilister als Mustermann**
Głosiła, że naród niemiecki jest narodem wzorcowym, a
niemiecki drobny filister wzorem człowieka
**Jeder schurkischen Gemeinheit dieses Mustermenschen gab
sie eine verborgene, höhere, sozialistische Deutung**
Każdej nikczemnej podłości tego wzorowego człowieka
dawało to ukrytą, wyższą, socjalistyczną interpretację
**diese höhere, sozialistische Deutung war das genaue
Gegenteil ihres wirklichen Charakters**
ta wyższa, socjalistyczna interpretacja była dokładnym
przeciwieństwem jej rzeczywistego charakteru
**Sie ging so weit, sich der "brutal destruktiven" Tendenz des
Kommunismus direkt entgegenzustellen**
Posunął się do skrajności, bezpośrednio sprzeciwiając się
"brutalnie destrukcyjnej" tendencji komunizmu

und sie proklamierte ihre höchste und unparteiische Verachtung aller Klassenkämpfe

i głosiła swą najwyższą i bezstronną pogardę dla wszelkich walk klasowych

Mit sehr wenigen Ausnahmen gehören alle sogenannten sozialistischen und kommunistischen Publikationen, die jetzt (1847) in Deutschland zirkulieren, in den Bereich dieser üblen und entnervenden Literatur

Z bardzo nielicznymi wyjątkami, wszystkie tak zwane socjalistyczne i komunistyczne publikacje, które obecnie (1847) krążą w Niemczech, należą do domeny tej plugawej i wyniszczającej literatury

2) Konservativer Sozialismus oder bürgerlicher Sozialismus
2) Socjalizm konserwatywny lub socjalizm burżuazyjny

Ein Teil der Bourgeoisie will soziale Missstände beseitigen
Część burżuazji pragnie zadośćuczynić krzywdom
społecznym
um den Fortbestand der Bourgeoisie Gesellschaft zu sichern
w celu zapewnienia dalszego istnienia społeczeństwa
burżuazyjnego
Zu dieser Sektion gehören Ökonomen, Philanthropen,
Menschenfreunde
Do tej sekcji należą ekonomiści, filantropi, działacze
humanitarni
Verbesserer der Lage der Arbeiterklasse und Organisatoren
der Wohltätigkeit
polepszający sytuację klasy robotniczej i organizatorzy
dobroczynności
Mitglieder von Gesellschaften zur Verhütung von
Tierquälerei
członkowie stowarzyszeń na rzecz zapobiegania okrucieństwu
wobec zwierząt
Mäßigkeitsfanatiker, Loch-und-Ecken-Reformer aller
erdenklichen Art
fanatycy wstrzemięźliwości, reformatorzy wszelkiego rodzaju
Diese Form des Sozialismus ist überdies zu vollständigen
Systemen ausgearbeitet worden
Co więcej, ta forma socjalizmu została wypracowana w
kompletne systemy
Als Beispiel für diese Form sei Proudhons "Philosophie de
la Misère" angeführt
Jako przykład tej formy możemy przytoczyć "Philosophie de
la Misère" Proudhona
Die sozialistische Bourgeoisie will alle Vorteile der
modernen gesellschaftlichen Verhältnisse
Burżuazja socjalistyczna chce wszystkich dobrodziejstw
nowoczesnych stosunków społecznych

aber die sozialistische Bourgeoisie will nicht unbedingt die daraus resultierenden Kämpfe und Gefahren

ale socjalistyczna burżuazja niekoniecznie chce wynikających z tego walk i niebezpieczeństw

Sie wollen den bestehenden Zustand der Gesellschaft, abzüglich ihrer revolutionären und zerfallenden Elemente

Pragną istniejącego stanu społeczeństwa, bez jego rewolucyjnych i rozpadających się elementów

mit anderen Worten, sie wünschen sich eine Bourgeoisie ohne Proletariat

innymi słowy, pragną burżuazji bez proletariatu

Die Bourgeoisie begreift natürlich die Welt, in der sie die höchste ist, die Beste zu sein

Burżuazja w naturalny sposób pojmuje świat, w którym najwyższą rzeczą jest być najlepszą

und der Bourgeoisie Sozialismus entwickelt diese bequeme Auffassung zu verschiedenen mehr oder weniger vollständigen Systemen

Socjalizm burżuazyjny rozwija tę wygodną koncepcję w różne mniej lub bardziej kompletne systemy

sie wünschen sich sehr, dass das Proletariat geradewegs in das soziale Neue Jerusalem marschiert

bardzo chcieliby, aby proletariat wkroczył prosto do społecznego Nowego Jeruzalem

Aber in Wirklichkeit verlangt sie, dass das Proletariat innerhalb der Grenzen der bestehenden Gesellschaft bleibt

W rzeczywistości jednak wymaga ona od proletariatu pozostawania w granicach istniejącego społeczeństwa

sie fordern das Proletariat auf, alle seine hasserfüllten Ideen über die Bourgeoisie abzulegen

żądają od proletariatu, aby odrzucił wszystkie swoje nienawistne idee dotyczące burżuazji

es gibt eine zweite, praktischere, aber weniger systematische Form dieses Sozialismus

istnieje druga, bardziej praktyczna, ale mniej systematyczna forma tego socjalizmu

Diese Form des Sozialismus versuchte, jede revolutionäre
Bewegung in den Augen der Arbeiterklasse abzuwerten
Ta forma socjalizmu dążyła do zdeprecjonowania każdego
ruchu rewolucyjnego w oczach klasy robotniczej
Sie argumentieren, dass keine bloße politische Reform für
sie von Vorteil sein könnte
Twierdzą oni, że żadna zwykła reforma polityczna nie może
być dla nich korzystna
nur eine Veränderung der materiellen Existenzbedingungen
in den wirtschaftlichen Beziehungen ist von Nutzen
Tylko zmiana materialnych warunków egzystencji w
stosunkach ekonomicznych jest korzystna
Wie der Kommunismus tritt auch diese Form des
Sozialismus für eine Veränderung der materiellen
Existenzbedingungen ein
Podobnie jak komunizm, ta forma socjalizmu opowiada się za
zmianą materialnych warunków egzystencji
Diese Form des Sozialismus bedeutet jedoch keineswegs,
dass die Bourgeoisie Produktionsverhältnisse abgeschafft
werden
Ta forma socjalizmu nie oznacza jednak bynajmniej zniesienia
burżuazyjnych stosunków produkcji
die Abschaffung der Bourgeoisie Produktionsverhältnisse
kann nur durch eine Revolution erreicht werden
zniesienie burżuazyjnych stosunków produkcji może być
osiągnięte tylko przez rewolucję
Doch statt einer Revolution schlägt diese Form des
Sozialismus Verwaltungsreformen vor
Ale zamiast rewolucji, ta forma socjalizmu sugeruje reformy
administracyjne
und diese Verwaltungsreformen würden auf dem
Fortbestand dieser Beziehungen beruhen
A te reformy administracyjne opierałyby się na dalszym
istnieniu tych stosunków
Reformen, die in keiner Weise die Beziehungen zwischen
Kapital und Arbeit berühren

reformy, które w żaden sposób nie wpływają na stosunki
między kapitałem a pracą,

**im besten Fall verringern solche Reformen die Kosten und
vereinfachen die Verwaltungsarbeit der Bourgeoisie
Regierung**

w najlepszym razie takie reformy zmniejszają koszty i
upraszczają pracę administracyjną rządu burżuazyjnego

**Der Bourgeoisie Sozialismus kommt dann und nur dann
adäquat zum Ausdruck, wenn er zur bloßen Redewendung
wird**

Socjalizm burżuazyjny osiąga adekwatny wyraz wtedy i tylko
wtedy, gdy staje się zwykłą figurą retoryczną

Freihandel: zum Wohle der Arbeiterklasse

Wolny handel: z korzyścią dla klasy robotniczej

Schutzpflichten: zum Wohle der Arbeiterklasse

Obowiązki ochronne: na rzecz klasy robotniczej

Gefängnisreform: zum Wohle der Arbeiterklasse

Reforma więziennictwa: z korzyścią dla klasy robotniczej

**Das ist das letzte Wort und das einzig ernst gemeinte Wort
des Bourgeoisie Sozialismus**

Jest to ostatnie słowo i jedyne poważnie rozumiane słowo
burżuazyjnego socjalizmu

**Sie ist in dem Satz zusammengefasst: Die Bourgeoisie ist
eine Bourgeoisie zum Wohle der Arbeiterklasse**

Streszcza się to w zdaniu: burżuazja jest burżuazją dla dobra
klasy robotniczej

3) Kritisch-utopischer Sozialismus und Kommunismus
3) Socjalizm krytyczno-utopijny i komunizm

Wir beziehen uns hier nicht auf jene Literatur, die den Forderungen des Proletariats immer eine Stimme gegeben hat
Nie odwołujemy się tu do tej literatury, która zawsze wyrażała żądania proletariatu
dies war in jeder großen modernen Revolution vorhanden, wie z. B. in den Schriften von Babeuf und anderen
było to obecne w każdej wielkiej rewolucji nowożytnej, takiej jak pisma Babeufa i innych
Die ersten unmittelbaren Versuche des Proletariats, seine eigenen Ziele zu erreichen, scheiterten notwendigerweise
Pierwsze bezpośrednie próby proletariatu osiągnięcia własnych celów z konieczności zakończyły się niepowodzeniem
Diese Versuche wurden in Zeiten allgemeiner Aufregung unternommen, als die feudale Gesellschaft gestürzt wurde
Próby te podejmowano w czasach powszechnego podniecenia, kiedy obalano społeczeństwo feudalne
Der damals noch unterentwickelte Zustand des Proletariats führte zum Scheitern dieser Versuche
Nierozwinięty wówczas stan proletariatu doprowadził do niepowodzenia tych prób
und sie scheiterten am Fehlen der wirtschaftlichen Voraussetzungen für ihre Emanzipation
i nie powiodły się z powodu braku ekonomicznych warunków do jego emancypacji
Bedingungen, die erst noch geschaffen werden mussten und die durch die bevorstehende Epoche der Bourgeoisie allein hervorgebracht werden konnten
warunki, które jeszcze nie zostały wytworzone, a które mogły być wytworzone przez samą nadchodzącą epokę burżuazji

Die revolutionäre Literatur, die diese ersten Bewegungen des Proletariats begleitete, hatte notwendigerweise einen reaktionären Charakter

Literatura rewolucyjna, która towarzyszyła tym pierwszym ruchom proletariatu, miała z konieczności charakter reakcyjny

Diese Literatur schärfte universelle Askese und soziale Nivellierung in ihrer gröbsten Form ein

Literatura ta wpajała powszechną ascezę i społeczne wyrównywanie w jego najbardziej prymitywnej formie

Die sozialistischen und kommunistischen Systeme, die man eigentlich so nennt, entstehen in der frühen unentwickelten Periode

Systemy socjalistyczny i komunistyczny, tak zwane, powstały we wczesnym, nierozwiniętym okresie

Saint-Simon, Fourier, Owen und andere beschrieben den Kampf zwischen Proletariat und Bourgeoisie (siehe Abschnitt 1)

Saint-Simon, Fourier, Owen i inni, opisywali walkę między proletariatem a burżuazją (patrz rozdział 1)

Die Begründer dieser Systeme sehen in der Tat die Klassengegensätze

Założyciele tych systemów widzą w istocie przeciwieństwa klasowe

Sie sehen auch das Wirken der sich zersetzenden Elemente in der herrschenden Gesellschaftsform

Widzą też działanie rozkładających się elementów w panującej formie społeczeństwa

Aber das Proletariat, das noch in den Kinderschuhen steckt, bietet ihnen das Schauspiel einer Klasse ohne jede historische Initiative

Ale proletariat, jeszcze w powijakach, oferuje im widowisko klasy pozbawionej żadnej inicjatywy historycznej

Sie sehen das Schauspiel einer sozialen Klasse ohne unabhängige politische Bewegung

Widzą spektakl klasy społecznej bez żadnego niezależnego ruchu politycznego

Die Entwicklung des Klassengegensatzes hält mit der Entwicklung der Industrie Schritt
Rozwój przeciwieństw klasowych dotrzymuje kroku rozwojowi przemysłu
Die ökonomische Lage bietet ihnen also noch nicht die materiellen Bedingungen für die Befreiung des Proletariats
Tak więc sytuacja ekonomiczna nie stwarza im jeszcze materialnych warunków do wyzwolenia proletariatu
Sie suchen also nach einer neuen Sozialwissenschaft, nach neuen sozialen Gesetzen, die diese Bedingungen schaffen sollen
Poszukują więc nowej nauki społecznej, nowych praw społecznych, które stworzą te warunki
historisches Handeln besteht darin, sich ihrem persönlichen erfinderischen Handeln zu beugen
Działanie historyczne polega na ustąpieniu miejsca ich osobistemu działaniu wynalazczemu
Historisch geschaffene Emanzipationsbedingungen sollen phantastischen Verhältnissen weichen
historycznie stworzone warunki emancypacji mają ustąpić miejsca fantastycznym warunkom
und die allmähliche, spontane Klassenorganisation des Proletariats soll der Organisation der Gesellschaft weichen
Stopniowa, spontaniczna organizacja klasowa proletariatu ma ustąpić miejsca organizacji społeczeństwa
die Organisation der Gesellschaft, die von diesen Erfindern eigens ersonnen wurde
organizacja społeczeństwa specjalnie wymyślona przez tych wynalazców
Die zukünftige Geschichte löst sich in ihren Augen in die Propaganda und die praktische Durchführung ihrer sozialen Pläne auf
Przyszła historia sprowadza się w ich oczach do propagandy i praktycznej realizacji ich planów społecznych

Bei der Ausarbeitung ihrer Pläne sind sie sich bewußt, daß sie sich in erster Linie um die Interessen der Arbeiterklasse kümmern

Tworząc swoje plany, są świadomi tego, że troszczą się przede wszystkim o interesy klasy robotniczej

Nur unter dem Gesichtspunkt, die leidendste Klasse zu sein, existiert das Proletariat für sie

Proletariat istnieje dla nich tylko z punktu widzenia bycia klasą najbardziej cierpiącą

Der unentwickelte Zustand des Klassenkampfes und ihre eigene Umgebung prägen ihre Meinungen

Nierozwinięty stan walki klasowej i ich własne otoczenie kształtują ich opinie

Sozialisten dieser Art halten sich allen Klassengegensätzen weit überlegen

Socjaliści tego rodzaju uważają się za znacznie lepszych od wszelkich przeciwieństw klasowych

Sie wollen die Lage jedes Mitglieds der Gesellschaft verbessern, auch die der Begünstigten

Chcą poprawić sytuację każdego członka społeczeństwa, nawet najbardziej uprzywilejowanego

Daher appellieren sie gewöhnlich an die Gesellschaft als Ganzes, ohne Unterschied der Klasse

Stąd też zwykle przemawiają do ogółu społeczeństwa, bez różnicy klasowej

Ja, sie appellieren an die Gesellschaft als Ganzes, indem sie die herrschende Klasse bevorzugen

Co więcej, odwołują się do ogółu społeczeństwa, preferując klasę rządzącą

Für sie ist alles, was es braucht, dass andere ihr System verstehen

Dla nich wszystko, czego potrzeba, to aby inni zrozumieli ich system

Denn wie können die Menschen nicht erkennen, dass der bestmögliche Plan für den bestmöglichen Zustand der Gesellschaft ist?

Bo jak ludzie mogą nie widzieć, że najlepszym możliwym planem jest jak najlepszy stan społeczeństwa?

Daher lehnen sie jede politische und vor allem jede revolutionäre Aktion ab

Dlatego odrzucają wszelkie działania polityczne, a zwłaszcza rewolucyjne

Sie wollen ihre Ziele mit friedlichen Mitteln erreichen

pragną osiągnąć swoje cele środkami pokojowymi

Sie bemühen sich durch kleine Experimente, die notwendigerweise zum Scheitern verurteilt sind

Usiłują to za pomocą małych eksperymentów, które z konieczności są skazane na niepowodzenie

und durch die Kraft des Beispiels versuchen sie, den Weg für das neue soziale Evangelium zu ebnen

i mocą przykładu starają się utorować drogę nowej Ewangelii społecznej

Welch phantastische Bilder von der zukünftigen Gesellschaft, gemalt in einer Zeit, in der sich das Proletariat noch in einem sehr unterentwickelten Zustand befindet

Takie fantastyczne obrazy przyszłego społeczeństwa, malowane w czasie, gdy proletariat znajduje się jeszcze w bardzo nierozwiniętym stanie

und sie hat immer noch nur eine phantastische Vorstellung von ihrer eigenen Stellung

i wciąż ma tylko fantastyczne pojęcie o swoim położeniu

aber ihre ersten instinktiven Sehnsüchte entsprechen den Sehnsüchten des Proletariats

ale ich pierwsze instynktowne tęsknoty odpowiadają tęsknocie proletariatu

Beide sehnen sich nach einem allgemeinen Umbau der Gesellschaft

Jedni i drudzy pragną ogólnej przebudowy społeczeństwa

Aber diese sozialistischen und kommunistischen Veröffentlichungen enthalten auch ein kritisches Element

Ale te socjalistyczne i komunistyczne publikacje zawierają również element krytyczny

Sie greifen jedes Prinzip der bestehenden Gesellschaft an
Atakują każdą zasadę istniejącego społeczeństwa
Daher sind sie voll von den wertvollsten Materialien für die Aufklärung der Arbeiterklasse
Stąd są one pełne najcenniejszych materiałów dla oświecenia klasy robotniczej
Sie schlagen die Abschaffung der Unterscheidung zwischen Stadt und Land und der Familie vor
Proponują zniesienie rozróżnienia między miastem a wsią i rodziną
die Abschaffung des Gewerbetreibens für Rechnung von Privatpersonen
zniesienie prowadzenia działalności gospodarczej na rachunek osób prywatnych
und die Abschaffung des Lohnsystems und die Proklamation des sozialen Friedens
zniesienie systemu płac i proklamowanie harmonii społecznej
die Verwandlung der Funktionen des Staates in eine bloße Aufsicht über die Produktion
przekształcenie funkcji państwa w zwykły nadzór nad produkcją
Alle diese Vorschläge deuten einzig und allein auf das Verschwinden der Klassengegensätze hin
Wszystkie te propozycje wskazują jedynie na zanik przeciwieństw klasowych
Klassengegensätze waren damals gerade erst im Entstehen begriffen
Antagonizmy klasowe dopiero się wówczas pojawiały
In diesen Veröffentlichungen werden diese Klassengegensätze nur in ihren frühesten, undeutlichen und unbestimmten Formen anerkannt
W publikacjach tych przeciwieństwa klasowe są rozpoznawane tylko w ich najwcześniejszych, niewyraźnych i nieokreślonych formach
Diese Vorschläge haben also rein utopischen Charakter
Propozycje te mają więc charakter czysto utopijny

Die Bedeutung des kritisch-utopischen Sozialismus und des Kommunismus steht in einem umgekehrten Verhältnis zur historischen Entwicklung

Znaczenie krytyczno-utopijnego socjalizmu i komunizmu pozostaje w odwrotnym stosunku do rozwoju historycznego

Der moderne Klassenkampf wird sich entwickeln und weiter konkrete Gestalt annehmen

Współczesna walka klasowa będzie się rozwijać i nadal przybierać określony kształt

Dieses fantastische Ansehen des Wettbewerbs wird jeden praktischen Wert verlieren

Ta fantastyczna pozycja z konkursu straci wszelką wartość praktyczną

Diese phantastischen Angriffe auf die Klassengegensätze verlieren jede theoretische Rechtfertigung

Te fantastyczne ataki na antagonizmy klasowe stracą wszelkie teoretyczne uzasadnienie

Die Urheber dieser Systeme waren in vielerlei Hinsicht revolutionär

Pomysłodawcy tych systemów byli pod wieloma względami rewolucyjni

Aber ihre Jünger haben in jedem Fall bloße reaktionäre Sekten gebildet

Ale ich uczniowie w każdym przypadku tworzyli jedynie reakcyjne sekty

Sie halten an den ursprünglichen Ansichten ihrer Meister fest

Trzymają się mocno oryginalnych poglądów swoich mistrzów

Aber diese Anschauungen stehen im Gegensatz zur fortschreitenden geschichtlichen Entwicklung des Proletariats

Poglądy te stoją jednak w opozycji do postępującego rozwoju historycznego proletariatu

Sie bemühen sich daher, und zwar konsequent, den Klassenkampf abzustumpfen

Usiłują więc, i to konsekwentnie, zagłuszyć walkę klasową

Und sie bemühen sich konsequent, die Klassengegensätze zu versöhnen

i konsekwentnie dążą do pogodzenia przeciwieństw klasowych

Noch träumen sie von der experimentellen Umsetzung ihrer gesellschaftlichen Utopien

Wciąż marzą o eksperymentalnej realizacji swoich społecznych utopii

sie träumen immer noch davon, isolierte "Phalanster" zu gründen und "Heimatkolonien" zu gründen

wciąż marzą o założeniu odizolowanych "falansterów" i założeniu "kolonii domowych"

sie träumen davon, eine "Kleine Ikaria" zu errichten – Duodecimo-Ausgaben des Neuen Jerusalem

marzą o założeniu "Małej Ikarii" – duodecimo wydań Nowego Jeruzalem

Und sie träumen davon, all diese Luftschlösser zu verwirklichen

i marzą o tym, by zrealizować wszystkie te zamki w powietrzu

Sie sind gezwungen, an die Gefühle und den Geldbeutel der Bourgeoisie zu appellieren

Są zmuszeni odwoływać się do uczuć i portfeli burżuazji

Nach und nach sinken sie in die Kategorie der oben dargestellten reaktionären konservativen Sozialisten

Stopniowo pogrążają się oni w kategorii reakcyjnych konserwatywnych socjalistów przedstawionych powyżej

sie unterscheiden sich von diesen nur durch systematischere Pedanterie

Różnią się od nich jedynie bardziej systematyczną pedanterią

und sie unterscheiden sich durch ihren fanatischen und abergläubischen Glauben an die Wunderwirkungen ihrer Sozialwissenschaft

Różnią się fanatyczną i zabobonną wiarą w cudowne działanie nauk społecznych

Sie widersetzen sich daher gewaltsam jeder politischen Aktion der Arbeiterklasse

Dlatego gwałtownie sprzeciwiają się wszelkim działaniom politycznym ze strony klasy robotniczej

ein solches Handeln kann ihrer Meinung nach nur aus blindem Unglauben an das neue Evangelium resultieren

takie działanie, według nich, może wynikać jedynie ze ślepej niewiary w nową Ewangelię

Die Owenisten in England und die Fourieristen in Frankreich stehen den Chartisten und den "Réformisten" entgegen

Owenici w Anglii i fourieryści we Francji przeciwstawiają się czartystom i "réformistes"

Stellung der Kommunisten zu den verschiedenen bestehenden Oppositionsparteien
Stanowisko komunistów wobec różnych istniejących partii opozycyjnych

Abschnitt II hat die Beziehungen der Kommunisten zu den bestehenden Arbeiterparteien deutlich gemacht
Rozdział II jasno określił stosunek komunistów do istniejących partii robotniczych
wie die Chartisten in England und die Agrarreformer in Amerika
takich jak czartyści w Anglii i reformatorzy rolni w Ameryce
Die Kommunisten kämpfen für die Erreichung der unmittelbaren Ziele
Komuniści walczą o osiągnięcie doraźnych celów
Sie kämpfen für die Durchsetzung der momentanen Interessen der Arbeiterklasse
Walczą o egzekwowanie chwilowych interesów klasy robotniczej
Aber in der politischen Bewegung der Gegenwart repräsentieren und kümmern sie sich auch um die Zukunft dieser Bewegung
Ale w obecnym ruchu politycznym reprezentują i troszczą się o przyszłość tego ruchu
In Frankreich verbünden sich die Kommunisten mit den Sozialdemokraten
We Francji komuniści sprzymierzyli się z socjaldemokratami
und sie positionieren sich gegen die konservative und radikale Bourgeoisie
i przeciwstawiają się konserwatywnej i radykalnej burżuazji
sie behalten sich jedoch das Recht vor, eine kritische Position gegenüber Phrasen und Illusionen einzunehmen, die traditionell aus der großen Revolution überliefert sind
Zastrzegają sobie jednak prawo do zajęcia krytycznego stanowiska wobec frazesów i złudzeń tradycyjnie przekazywanych przez wielką rewolucję

In der Schweiz unterstützt man die Radikalen, ohne dabei aus den Augen zu verlieren, dass diese Partei aus antagonistischen Elementen besteht

W Szwajcarii popierają radykałów, nie tracąc z oczu faktu, że partia ta składa się z elementów antagonistycznych

teils von demokratischen Sozialisten im französischen Sinne, teils von radikaler Bourgeoisie

częściowo demokratycznych socjalistów w sensie francuskim, częściowo radykalnej burżuazji

In Polen unterstützen sie die Partei, die auf einer Agrarrevolution als Hauptbedingung für die nationale Emanzipation beharrt

W Polsce popierają partię, która upiera się przy rewolucji agrarnej jako podstawowym warunku narodowej emancypacji

jene Partei, die 1846 den Krakauer Aufstand angezettelt hatte

stronnictwo, które wznieciło powstanie krakowskie w 1846 r.

In Deutschland kämpft man mit der Bourgeoisie, wenn sie revolutionär handelt

W Niemczech walczą z burżuazją, ilekroć działa ona w sposób rewolucyjny

gegen die absolute Monarchie, das feudale Eichhörnchen und das Kleinbourgeoisie

przeciwko monarchii absolutnej, feudalnej giermku i drobnomieszczaństwu

Aber sie hören nicht auf, der Arbeiterklasse auch nur einen Augenblick lang eine bestimmte Idee einzuflößen

Ale nigdy nie przestają ani na chwilę zaszczepiać w klasie robotniczej jednej szczególnej idei

die klarste Erkenntnis des feindlichen Antagonismus zwischen Bourgeoisie und Proletariat

jak najwyraźniejsze uznanie wrogiego antagonizmu między burżuazją a proletariatem

damit die deutschen Arbeiter sofort von den ihnen zur Verfügung stehenden Waffen Gebrauch machen können

aby robotnicy niemieccy mogli od razu użyć broni, którą
dysponują,
**die sozialen und politischen Bedingungen, die die
Bourgeoisie mit ihrer Herrschaft notwendigerweise
einführen muss**
warunki społeczne i polityczne, które burżuazja musi
koniecznie wprowadzić wraz ze swoją supremacją
**der Sturz der reaktionären Klassen in Deutschland ist
unvermeidlich**
upadek klas reakcyjnych w Niemczech jest nieunikniony
**und dann kann der Kampf gegen die Bourgeoisie selbst
sofort beginnen**
i wtedy walka z samą burżuazją może się natychmiast
rozpocząć
**Die Kommunisten richten ihre Aufmerksamkeit
hauptsächlich auf Deutschland, weil dieses Land am
Vorabend einer Bourgeoisie Revolution steht**
Komuniści zwracają uwagę głównie na Niemcy, ponieważ
kraj ten znajduje się w przededniu rewolucji burżuazyjnej
**eine Revolution, die unter den fortgeschritteneren
Bedingungen der europäischen Zivilisation durchgeführt
werden muss**
rewolucja, która z pewnością zostanie przeprowadzona w
bardziej zaawansowanych warunkach cywilizacji europejskiej
**Und sie wird mit einem viel weiter entwickelten Proletariat
durchgeführt werden**
i musi być przeprowadzona z dużo bardziej rozwiniętym
proletariatem
**ein Proletariat, das weiter fortgeschritten war als das
Englands im 17. und Frankreichs im 18. Jahrhundert**
proletariat bardziej zaawansowany niż Anglia w XVII wieku,
a Francja w XVIII wieku
**und weil die Bourgeoisie Revolution in Deutschland nur das
Vorspiel zu einer unmittelbar folgenden proletarischen
Revolution sein wird**

i dlatego, że rewolucja burżuazyjna w Niemczech będzie tylko preludium do następującej bezpośrednio po niej rewolucji proletariackiej

Kurz gesagt, die Kommunisten unterstützen überall jede revolutionäre Bewegung gegen die bestehende soziale und politische Ordnung der Dinge

Krótko mówiąc, komuniści wszędzie popierają każdy ruch rewolucyjny przeciwko istniejącemu społecznemu i politycznemu porządkowi rzeczy

In all diesen Bewegungen rücken sie als Leitfrage die Eigentumsfrage in den Vordergrund

We wszystkich tych ruchach wysuwają na pierwszy plan, jako pytanie wiodące w każdym z nich, kwestię własności

unabhängig davon, wie hoch der Entwicklungsstand in diesem Land zu diesem Zeitpunkt ist

bez względu na to, jaki jest stopień jego rozwoju w danym kraju w danym momencie

Schließlich setzen sie sich überall für die Vereinigung und Zustimmung der demokratischen Parteien aller Länder ein

Wreszcie, wszędzie pracują na rzecz unii i porozumienia partii demokratycznych wszystkich krajów

Die Kommunisten verschmähen es, ihre Ansichten und Ziele zu verheimlichen

Komuniści gardzą ukrywaniem swoich poglądów i celów

Sie erklären offen, dass ihre Ziele nur durch den gewaltsamen Umsturz aller bestehenden gesellschaftlichen Verhältnisse erreicht werden können

Otwarcie oświadczają, że ich cele mogą być osiągnięte jedynie przez obalenie przemocą wszystkich istniejących stosunków społecznych

Mögen die herrschenden Klassen vor einer kommunistischen Revolution zittern

Niech klasy panujące drżą przed rewolucją komunistyczną

Die Proletarier haben nichts zu verlieren als ihre Ketten

Proletariusze nie mają nic do stracenia poza swoimi łańcuchami

Sie haben eine Welt zu gewinnen

Mają świat do wygrania

ARBEITER ALLER LÄNDER, VEREINIGT EUCH!

ROBOTNICY WSZYSTKICH KRAJÓW, ŁĄCZCIE SIĘ!

www.ingramcontent.com/pod-product-compliance
Lightning Source LLC
Chambersburg PA
CBHW011736020426
42333CB00024B/2921